Mengs

Antonio Rafael Mengs

Sobre la Belleza y el Gusto
en la pintura

casimiro

casimiro [*casimiroa edulis*]

Extraído de *Obras de D. Antonio Rafael Mengs*,
    publicadas por Joseph Nicolás de Azara, Madrid, 1797

En cubierta: Anónimo, grabado según
    Antonio Allegri da Correggio, *Noli me tangere*, 1525
    Museo del Prado, Madrid

ISBN: 978-13-87675-03-5
Depósito legal: M-17035-2025

Hecho en Madrid

ÍNDICE

Sobre la belleza y el gusto en la pintura

Prólogo

Escribí este Tratado con el solo fin de que sirviese para mi uso particular, buscando la verdad. Cuando lo tuve concluid o, ciertos Académicos de Alemania quisieron imprimirlo; pero por varios accidentes no se hizo, y la Academia se deshizo, quedándome la obra manuscrita.

Pasado algún tiempo la volví a leer; y no gustándome del todo, pensé volverla a hacer de nuevo, o a lo menos a corregir en ella muchas cosas; pero considerando cuanto tiempo y trabajo pedía esto, y que por otra parte no me creo capaz de escribir con elegancia mis ideas, me resolví a abandonar la empresa.

Habiendo después de algún tiempo vuelto a leer este Escrito, me pareció que no merecía del todo ser sepultado en el olvido, conteniendo algunas verdades que pueden ser útiles. Por esto, y por las instancias del amigo Winckelmann, a quien lo dedico, me resolví a publicarlo sin mi nombre: porque la profesión de Escritor es muy diferente de la mía; y porque no gusto de exponerme a la crítica de algunos habladores, que tal vez no me entenderán.

Advierto a los que leyeren este Tratado que lo hagan con grande atención, persuadiéndose a que por el camino que les señalo, y con la manera de pensar que les propongo, he llegado yo al grado en que me hallo en el Arte de la Pintura, y que les regalo con este Escrito el fruto de mis estudios, y de mi buena voluntad. Si reflexionaren bien todo lo que digo, y a las reflexiones juntaren continuada atención, con infatigable ejercicio, espero que conseguirán razonable aprovechamiento.

Es mi proyecto explicar primero qué cosa sea la Belleza, habiendo de ella tan varias opiniones; y después, qué se entiende por Gusto: pues la mayor parte de los que han escrito sobre él no dan idea del sentido en que se toma esta palabra cuando se habla de Pintura; por lo que he procurado hacer inteligible esta voz, dando de ejemplos sacados delas obras de los más famosos Profesores. Con este método creo haber remediado el inconveniente de la Metafísica que he usado en la Primera parte; la cual parece me apartaba de la utilidad que podrían sacar aquellos para quienes hacía la obra, esto es, los principiantes de Pintura: y así he procurado después citar ejemplos tales, que me diesen motivo de hablar de todas las reglas del Arte. Últimamente advierto, que todas aquellas partes que alabo y exalto en los Pintores ilustres se deben tener por otras tantas reglas y ejemplos de imitación.

Los principiantes no deberán engolfarse demasiado en

las sutilezas de la Primera parte; porque a los principios de nada sirven, debiéndoles bastar el acostumbrar la vista a la exactitud y precisión, y la mano al ejercicio y docilidad de ejecutar todo cuanto se quiera imitar. Conseguido esto, se pasará a aprender las reglas, y lo científico de la profesión.

Creo que debe anteponerse la práctica a la teórica: porque ésta se puede aprender aunque sea en edad avanzada; y para aquélla, esto es, para el ejercicio y uso de una vista exacta y purgada, es menester cierta edad en que aún no se haya contraído ningún mal hábito de los que nunca después se suelen enmendar. Convendrá que este Tratado se lea con diversas disposiciones, según las distintas clases de Pintores. Los principiantes deberán estudiarlo únicamente con el fin de comprender cuan vasto y difícil sea este Arte, para no perder tiempo, y aprender luego las partes inferiores de él; pues aunque éstas sean los materiales y fundamentos, no sirven de nada hasta que se les añade lo restante del grande edificio del mismo Arte.

La segunda clase de Pintores, que se compone de aquellos que ya poseen los dichos primeros rudimentos, es para quienes se ha hecho este libro, a fin de que aprendan en él qué cosa es el Gusto, y puedan, examinándose a sí mismos, conocer si la naturaleza los ha dotado de él; y en caso que no, por qué medios o ejemplos le podrán adquirir.

Últimamente los Pintores formados podrán también sacar alguna utilidad de esta lectura, tanto para distinguir las verdaderas bellezas en las obras de los grandes Maestros, cuanto para poder guiar por el buen camino a la juventud.

Hablo con libertad y franqueza, porque estoy persuadido por mi propia experiencia de que mis máximas son útiles y verdaderas; pues todo cuanto sé lo he aprendido por el modo y camino que escribo en este Tratado. Si hubiere quien halle dificultad en comprender algunos puntos de esta Obrita, estoy pronto a explicarlos a la menor insinuación: y si me hiciesen ver que me he engañado, no me avergonzaré de confesar mi error; bien resuelto no obstante a defender con razones lo que no me persuadan ser erróneo.

PRIMERA PARTE

DE LA BELLEZA.

Capítulo I.
DEFINICIÓN DE LA BELLEZA.

Como la perfección no es propia de nuestra humanidad, y como el hombre nada más puede comprender que lo que le entra por los sentidos, Dios ha querido darle una noción intelectual de la perfección: y esto es lo que se llama Belleza.

Esta Belleza se halla en todas las cosas criadas, siempre que la idea que tenemos de una cosa, y nuestro sentido intelectual no pueden concebir nada mejor de lo que vemos en la materia.

Esto se puede comparar al punto matemático, el cual debe ser indivisible, y por consiguiente incomprensible a los sentidos; pero como es necesario formarse una idea visible del punto, de aquí viene que llamamos tal aquella señal o mancha, en la cual concebimos que aun cabe división: y este es el punto visible. Figurémonos, pues, que la perfección es como este punto matemático, y que contiene en sí todas las propiedades y atributos celestiales; los cuales no pudiéndose hallar en la materia imperfecta, hemos imaginado una especie de perfección acomodada a la comprensión humana: esto es, cuando nuestros sentidos no perciben que haya imperfección en una cosa, entonces aquella apariencia de perfección se llama Belleza.

Esta Belleza se halla en cada cosa, y en todas las cosas juntas, y es la perfección de la materia; la cual se diferencia de la perfección divina, como el punto matemático del visible. Se puede llamar la Belleza perfección visible, como el punto material: y así como en el punto visible se comprende el invisible, del mismo modo en la Belleza se encierra la perfección invisible. Los ojos no la ven, pero el alma la siente, y la comprende, porque ella y la perfección se derivan de Dios, fuente y manantial de todo lo perfecto.

Platón llama a aquel movimiento que produce en el alma la Belleza, reminiscencia de la suprema perfección, y cree sea el motivo de la fuerza con que nos encanta. Yo podría quizá soñar con igual acierto, si dijese que nuestra alma siente aquella agradable conmoción de la Belleza, porque ésta la transporta, por decirlo así, a una momentánea beatitud, semejante en algo a la que espera gozar en Dios por toda una eternidad.

Capítulo II.
MOTIVOS DE LA BELLEZA EN LAS COSAS VISIBLES.

Solo es visible lo que es material. Cada cosa material tiene una forma, que es la medida de su potencia y actividad, la cual le ha sido comunicada por el Creador, origen de todas las cosas. En las primeras formas de la materia no hay todavía Belleza; o aunque la haya, no la puede percibir nuestra vista. De estas formas primeras la razón ha compuesto otras segundas, que ya son visibles por medio de los colores. Estos colores son diferentes según los diversos efectos que producen en la vista. Cuando son simples y uniformes, se llaman puros, porque la luz obra en ellos un solo efecto: y este efecto produce Belleza.

Que esto sea así, y que los colores puros provengan de una materia uniforme, se ve por medio del prisma: y que la uniformidad produce la Belleza es evidente; pues el mejor rojo mancha al mejor amarillo, y lo mismo sucede al azul con el rojo; y cuando todos tres se mezclan, todos ellos se empuercan.

La gran diversidad de colores que vemos en la materia proviene de la diferencia de sus pequeñas formas o partículas, y de su mezcla. De estas pequeñas formas compone la Naturaleza otras mayores, que no se juzgan bellas ni feas por sus colores, sino por sus figuras: y en ellas es también la uniformidad la basa de su Belleza. La figura circular, por ejemplo, es la más perfecta, en cuanto la produce un solo motivo, esto es, la extensión de su propio centro. Las que nacen de diferentes motivos son inferiores en perfección; pero no por eso carecen totalmente de Belleza; pues aquellas partes que no son uniformes, son aptas sin embargo a diferentes significados: y así se ve en la Naturaleza, que muchas cosas, que por si carecen de Belleza, la adquieren por la conexión que tienen con otras.

Toda la Naturaleza es capaz de mover y deleitar, y en ella hay partes activas y pasivas, de donde nacen diferentes grados de belleza; porque las partes pasivas necesariamente han de ser menos perfectas que las activas. Aquellas no por esto son menos estimables; pues en su misma imperfección tienen una especie propia de Belleza, la cual se manifiesta cuando se disponen para su particular fin.

Hay pues Belleza en todas las cosas, supuesto que nada hay inútil en la Naturaleza: y cada cosa particular es bella siempre que nos parece perfecta y acomodada para el fin de su destino. El que haya partes más perfectas unas que otras es cosa muy natural; pues la Naturaleza se parece a una República, en la cual, aunque es un conjunto de sus Ciudadanos, estos no pueden estar todos en igual clase y dignidad. Así en la Naturaleza no pueden todas las materias ser igualmente bellas y perfectas. Conviene también reflexionar que las partes más bellas y perfectas no siempre son de mayor utilidad que las menos perfectas: porque estas son susceptibles de diversos empleos, y pueden producir más de un efecto; y las otras al contrario no son buenas más que para una cosa sola.

Esta verdad se confirma en todos los colores, y en todas las figuras. Los tres colores perfectos nunca pueden ser otra cosa más que rojo, amarillo y azul, y así producen una sola idea de su perfección, esto es, cuando están en igual distancia de cualquiera otro color. Los menos perfectos, y compuestos, como son autora, verde y morado, pueden ser de diferentes cualidades, según se acercan, o apartan de alguno de los colores perfectos. Y en fin, los que se forman de estos últimos son susceptibles de una variedad cuasi infinita: de suerte que cuanto menos perfecto es un color, tanto más variado puede ser; y esta variación no se acaba sino cuando la composición no representa ya ninguna idea principal y distinguible de color, que entonces queda como una cosa insignificante y muerta.

Lo mismo sucede con las figuras. El círculo solamente es perfectísimo, y así él, como las figuras de lados iguales, no tienen más que una sola manera de ser. Al contrario, las que tienen lados diferentes son susceptibles de varias significaciones, y aptas a diversas ideas, lo que las hace tanto más usuales que no las figuras perfectas. La razón de esto es la misma que hemos dado de los colores; pues como entre estos los imperfectos son más capaces de variedad y de significar más cosas que no los perfectos, así las figuras imperfectas se pueden variar, hasta que al fin lleguen a caer en la obscuridad, privadas de significación.

Una cosa será bella cuando corresponda a la idea que debemos tener de su perfección. Esto se ve claramente en las cosas distintas, y aun del todo contrarias entre sí, que no obstante eso se tienen por bellas igualmente. Una piedra de un color solo, por ejemplo, se dice bella; y bella se dice también otra de diversos colores. Si una sola especie de perfección fuese causa de la Belleza, cuando una de estas piedras fuese bella, la otra seria fea: con que el ser una y otra bellas proviene de la idea que engendra cada una de su respectiva perfección: y por eso aquella piedra que creemos debe ser uniforme de color, si fuese manchada se llamaría fea; y la otra lo sería del mismo modo, si la uniformidad destruyese la idea que tenemos de que debe ser manchada. Esto mismo sucede en todas las demás cosas. Un niño será feo, si tiene cara de viejo: lo mismo sucederá al hombre que tenga cara de mujer; y la mujer con facciones de hombre no será ciertamente hermosa.

Estas reflexiones bastarán para hallar la causa de la Belleza: y así concluyo, que esta proviene de la conformidad de la materia con las ideas. Las ideas provendrán del conocimiento del destino de la cosa: este conocimiento nace de la experiencia y especulación sobre los efectos generales de las cosas: los efectos se miden por el destino que el Creador ha querido dar a la materia; y este destino tiene por fundamento la distribución graduada de las perfecciones de la Naturaleza. Finalmente la causa de todo es la inmensidad de la Divina sabiduría.

Capítulo III
EFECTOS DE LA BELLEZA.

La Belleza consiste en la perfección de la materia según nuestras ideas; y como solo Dios es perfecto, por eso la Belleza es una cosa Divina. Cuanta más Belleza haya en una cosa, tanto más animada será; porque la Belleza es como el alma de la materia. El alma es la que da ser al hombre, y la Belleza la da a las figuras; por lo que todo lo que no es bello, es como muerto para el hombre.

La Belleza tiene una fuerza que arrebata y encanta: y como es cosa que se percibe por el espíritu, mueve más nuestras almas, aumenta, por decirlo así, sus fuerzas, y hace de suerte que se olviden por un instante que están encerradas en el estrecho ámbito de los cuerpos.

De aquí nace la fuerza extraordinaria de la Belleza. Luego que los ojos ven un objeto muy hermoso, el alma se conmueve, y desea unirse a él. La Belleza transporta los sentidos fuera del hombre: todo se conmueve y altera en él, de suerte que si este entusiasmo dura un poco, degenera fácilmente en una especie de tristeza, conociendo entonces el alma que no ve más que una apariencia de perfección. Por esto la Naturaleza ha producido varios grados de Belleza, a fin de tener el espíritu humano en una especie de conmoción igual y continuada.

La Belleza llama a sí a todos, porque su poder es uniforme y simpático al alma del hombre. Quien la busca la halla siempre en todas las cosas, porque es la luz de todas las materias, y una semejanza de la misma Divinidad.

Capítulo IV.

LA BELLEZA PERFECTA PODRÍA HALLARSE
EN LA NATURALEZA; PERO NO SE HALLA.

Aunque no hallemos jamás la Belleza en la Naturaleza en un grado perfecto, no por eso debemos concluir que no la haya, ni que sea quebrantar las leyes de la verdad el querer imitar la verdadera y absoluta Belleza.

La Naturaleza hace todas las cosas de modo tal que cada una pueda ser perfecta según su destino; pero como esta perfección se acerca a lo divino, por eso se hallan tan pocas cosas perfectas.

Perfecto es lo que vemos lleno de razón: y como cada figura no tiene más que un centro o punto medio, así la Naturaleza en cada especie tiene un solo centro en que se contiene toda la perfección de su circunferencia. El centro es un punto solo, y la circunferencia comprende una infinidad de puntos, todos imperfectos en comparación del de en medio.

Como entre las piedras creemos que la más perfecta sea el diamante, entre los metales el oro, y entre los animales el hombre, así en cada especie de estas hay su perfección aparte y respectiva; pero muy poca de la absoluta. El hombre no se engendra a sí mismo, y depende de muchos accidentes antes de ver la luz, y de adquirir su forma, los cuales impiden que pueda ser perfectamente bello. Nadie hay que no tenga sus pasiones, y sus inclinaciones predominantes, que poco o mucho perjudican a su salud. Cada uno de estos afectos obra en diversa parte de su cuerpo, e influye particularmente en él. Las mujeres cuando están preñadas tienen también sus pasiones, enfermedades y afectos, que dañan a ellas y a sus criaturas; de suerte que el alma de éstas no tiene libertad para formar el cuerpo con perfección; que a tenerla, lo formaría perfecto, y por consiguiente bello.

Por la Belleza del cuerpo de una persona se pudiera juzgar de la cualidad de su alma, formando con facilidad buen concepto de los que son hermosos y bien hechos;

pero de estos hay pocos por la razón arriba dicha de que las almas obran con poca libertad; y además porque la diversidad de pueblos, climas, pasiones y vicios, que dominan más en unas partes que en otras, causan gran variedad entre los individuos, y entre las naciones enteras.

Sin embargo, de esto no es imposible hallar en el hombre una perfecta Belleza, porque apenas habrá ninguno, que no tenga tal alguna parte del cuerpo: y estas partes bellas son las más conformes al objeto y utilidad de toda la estructura. En conclusión, el hombre sería siempre bello, si diversos accidentes no se lo impidiesen. He hablado del hombre con preferencia, porque en él, más que en ningún otro objeto, muestra la Naturaleza la Belleza.

Capítulo V.
El Arte puede superar a la Naturaleza en la Belleza.

La Pintura es imitación de la Naturaleza; por lo que parece que aquella debe ser inferior a esta en la perfección. Sin embargo, no es así absolutamente. Hay cosas naturales que el Arte no puede imitar, y donde parece flaco y débil, comparado a la verdad: como por ejemplo en la luz, y en la obscuridad. Pero al contrario hay otras en que el Arte tiene mucho poder, y en que aventaja a la Naturaleza: y una de ellas es la Belleza.

La Naturaleza en sus producciones está sujeta, como hemos dicho, a muchos accidentes. El Arte obra libremente sirviéndose de materiales enteramente flexibles, y que no hacen resistencia alguna. La Pintura puede escoger lo más hermoso de todo el espectáculo de la Naturaleza, recogiendo y juntando las partes de diversos lugares, y las bellezas de distintas personas. La Naturaleza al contrario, para la formación del hombre está precisada a tomar la materia solamente de los padres, y a acomodarse con todos los accidentes; y por esto con facilidad puede suceder que los hombres pintados sean más bellos que los verdaderos.

¿Dónde se hallará un hombre en quien se junten la grandeza del alma con la armonía y proporción del cuerpo? ¿Uun espíritu instruido con miembros robustos y ejercitados? ¿Dónde se hallará en el hombre un estado tan perfecto de salud, que sin el menor embarazo pueda ejecutar todas sus ocupaciones, empleos y ejercicios? Todo esto sin embargo se puede unir en la Pintura, si se observa y expresa la exactitud en el diseño, la grandiosidad en la figura, la soltura en la actitud, la proporción en los miembros, la fortaleza en el pecho, la agilidad en las piernas, la fuerza en las espaldas y brazos, la sinceridad en la frente y en las cejas, la prudencia en los ojos, la salud en las mejillas, y la gracia amorosa en la boca. Ejecutando esto en todas las partes grandes y pequeñas de la figura del hombre, o de la mujer, y variándolo según la diversidad de los casos y expresiones, se verá que el Arte puede muy bien superar a la Naturaleza: y como la substancia de la miel no se halla toda junta en una sola flor, sino que la abeja la busca en diversas, para componer aquel dulce jugo; así puede el diestro Pintor escoger lo mejor y más hermoso entre las cosas criadas, para producir con el Arte la mayor Belleza y expresión.

Es cierto, pues, que una buena elección puede mejorar mucho las cosas naturales: lo cual se ve claramente en las dos bellas y agradables Artes de la Poesía y de la Música. Esta no es otra cosa más que una unión de los sonidos que hay en la Naturaleza, puestos en un cierto orden y medida, a quienes la elección da un motivo, y la ejecución un espíritu capaz de mover el alma del hombre: y este espíritu es la armonía. La Poesía es la narración de alguna cosa, cuyas ideas se ponen en un cierto orden: después se ordenan las palabras; y con la elección de las más sonoras y agradables produce, por medio de una especie de regla harmónica, la medida de las sílabas. Ahora bien, como la Música y la Poesía tienen una fuerza infinitamente mayor que no tendrían los sonidos y las palabras si se produjesen confusas y sin orden; así la Pintura, digna hermana de ellas, recibe todo su ser del orden y de la elección con que desecha todo lo superfluo e insignificante, y con eso adquiere una fuerza mucho mayor.

Adviertan los que se dedican a este arte, que no deben persuadirse a que por estar ocupados ya los grados más sublimes de ella no podrán ir más adelante. Este modo de pensar, sobre ser falso, les sería sumamente dañoso. Ningún moderno ha seguido el camino de la perfección de los antiguos Griegos; pues todos, después que el arte fue como de nuevo inventado, han puesto la mira solamente en lo verdadero y deleitable: y aunque algunos hayan adquirido la mayor perfección en aquella parte que poseían, queda sin embargo al que busca la perfección el medio de unir las partes perfectas del uno a las del otro, para formar un todo completo.

Nadie, pues, se desanime viendo que otros han sido grandes, célebres y excelentes en el arte; antes al contrario su grandeza y fama le debe servir de estímulo para combatir y disputarles aquel puesto que ocupan; pues aunque no lo consiga, siempre le quedará la gloria de haber sido vencido por tales hombres. Quien aspira a lo grande parecerá tal aún en lo pequeño: y como aquel que emprende un camino que seguramente conduce a una ciudad debemos creer que llegará a ella si constantemente lo sigue; así el Pintor que toma el camino de la perfección la conseguirá tarde o temprano, si no desmaya.

Repito lo que he dicho poco ha, que ningún Pintor moderno ha seguido el camino de la más alta perfección, ni creo que el arte llegará a aquel sublime punto de Belleza y perfección en que la pusieron los Griegos, a no darse el caso de que en la florida Italia nazca alguna nueva Atenas.

Esto es lo que puedo decir de la Belleza y perfección material y visible de la Naturaleza, que se reduce a que la perfección de la materia consiste en la conformidad de ella con nuestras ideas: que nuestras ideas consisten en el conocimiento del destino de dicha materia; y que una cosa es perfecta cuando produce una sola idea conforme en todo a su destino.

Las perfecciones están distribuidas en la Naturaleza como otros tantos oficios: la cosa que es más a propósito para hacer su oficio es en su clase la más perfecta; y por eso la misma fealdad puede hacerse hermosa por medio de su empleo.

La cosa que no tiene más que un solo motivo conforme del todo a su materia es de un orden de Belleza superior a la que tiene muchos: la que tiene más espíritu es más sublime que la que tiene más materia: aquella puede comunicar parte de su perfección a la segunda; y ésta tiene capacidad de recibirla.

Convendrá que el Profesor que quiere hacer alguna cosa bella se proponga ir por sus grados desde la materia hacia arriba: que no haga nada sin su por qué, nada superfluo, y nada muerto y sin expresión; pues la falta de esto lo echa a perder todo. El ingenio debe buscar los modos de dar perfección a la materia: su cuidado principal ha de ser determinar los motivos o fines de las cosas, y de seguir en toda la obra un fin principal, que comparezca en un grado perfecto, y se distribuya hasta en la más mínima parte. Deberá escoger de la Naturaleza lo más a propósito para hacer más inteligible y clara la expresión de su pensamiento: y como la Naturaleza ha distribuido sus perfecciones por grados, el Pintor debe hacer lo mismo, dando a cada parte su idea, y a todas juntas el fin y motivo de la obra. Esta será perfecta, si la cualidad de cada una de las partes de la materia fuese conforme a su idea, y todas juntas a su fin.

El Autor de la Naturaleza dio a cada cosa una perfección que la hace parecer en todas sus partes bella, admirable y digna de su Creador. Del mismo modo el Pintor debe imprimir en cada expresión y en cada pincelada una señal de su ingenio y de su saber, para que su obra sea estimada de todos, y reputada digna de un alma racional.

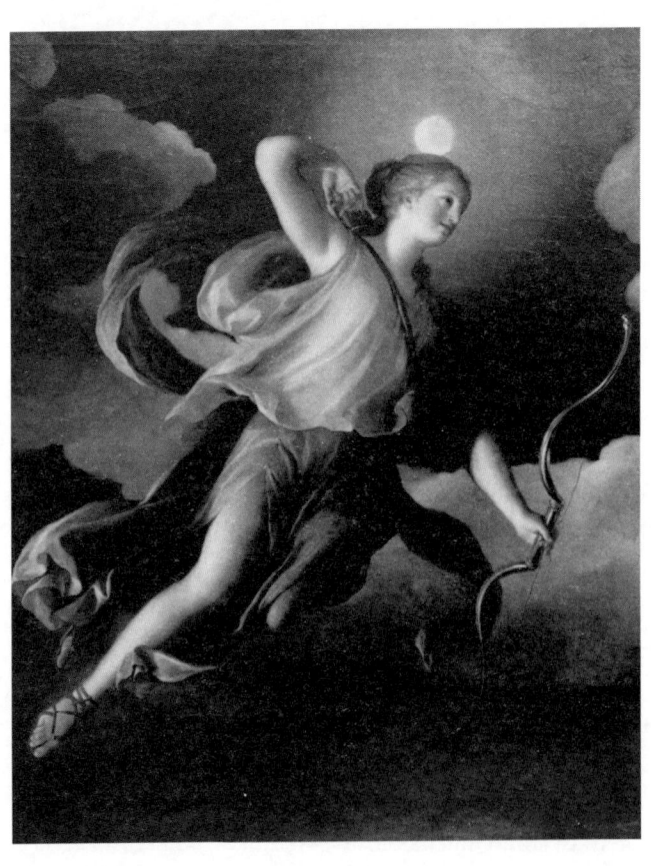

Anton Raphael Mengs: *La Noche o Diana*, 1765
Galería de las Colecciones Reales, Madrid

SEGUNDA PARTE.
DEL GUSTO.

Capítulo I.
ORIGEN DE ESTA VOZ EN EL ARTE.

Las obras de los hombres todas son imperfectas; y si creemos que algunas no lo son, es porque no conocemos sus defectos. Las perfecciones humanas no son más que unas semejanzas o sombras de la verdadera perfección. Por esto en la Pintura se usa la expresión Gusto, a fin de significar que una obra puede tener un Gusto de perfección sin ser enteramente perfecta.

Este Gusto de la Pintura es semejante en algo al de la boca: pues así como éste obra en la lengua y en el paladar, así también aquél hace impresión en los ojos y en el entendimiento. En ambos Gustos hay muchos grados; pero todos se comprenden bajo el mismo nombre general: y así como muchas cosas son dulces, amargas o agrias, sin tener ninguno de estos sabores en igual fuerza, así se halla en la Pintura lo grande, lo agradable y lo fuerte en diversos grados.

Capítulo II.
EXPLICACIÓN DEL GUSTO.

Lo que no mueve al hombre no le puede dar gusto; y por eso no apetece el manjar que no tiene sabor perceptible. Del mismo modo es necesario, para que guste una pintura, que cada cosa que los ojos ven toque y mueva los nervios del sentido.

Todos los hombres tienen un Gusto propio, como tienen una manera o un estilo. La diferencia que hay entre estas dos cosas se reduce a que la manera no tiene medio, esto es, que es buena o mala positivamente; y el Gusto puede agradar, aunque no sea del todo perfecto; pues así como se dice que una cosa es dulce o agria, aunque tenga muy poco de tal sabor, así un cuadro podrá ser de buen Gusto, aunque participe poco de la perfección.

El Gusto en la Pintura puede acostumbrarse bien o mal, como el de la boca; pues los ojos se acostumbran también como la lengua. Los manjares y bebidas fuertes alteran el Gusto; y los ligeros y suaves conservan la delicadeza del sentido. En la Pintura las cosas forzadas y afectadas vician el Gusto del arte, y las simples y bellas acostumbran la vista a un sentido delicado.

Hay hombres que no gustan si no de cosas forzadas y exageradas o afectadas: lo que procede de tener groseros los sentidos, y el entendimiento material.

Los que gustan de las cosas simples tienen por lo regular los sentidos muy delicados: y esta diversidad de sentidos y de entendimientos se halla igualmente en los Profesores, y en los Aficionados a las Bellas Artes.

Capítulo III.
REGLAS DEL GUSTO.

El mejor Gusto que puede darse, y que agrada a todos, es el que se halla entre dos extremos. El Gusto es el que determina al Pintor a escoger, y de su elección se ve si es malo o bueno su Gusto. El mejor, como he dicho, es siempre el de en medio; y siempre malo el que para en extremos. Las obras que por lo común se llaman de buen Gusto son aquellas en que se ven bien expresados los objetos principales, o en que se nota una cierta facilidad, que oculta el arte y el estudio con que están hechas. Estas dos cosas gustan infinitamente, y dan concepto al autor de que poseía enteramente su materia; pues supo escoger con tanto acierto las cosas principales; o de que es consumado en su arte, cuando sabe hacer las cosas con tanta facilidad.

El Gusto grandioso consiste en escoger las partes grandes, tanto del hombre, como de lo demás de toda la Naturaleza, y en ocultar las pequeñas y subordinadas, cuando no son absolutamente necesarias. Gusto mediano es aquel que expresa de la misma manera lo grande y lo pequeño, de que resulta un todo mediano, y cuasi sin Gusto sobresaliente. El Gusto pequeño es el que se detiene en expresar distintamente todas las menudencias, y hace un compuesto mezquino. Finalmente, el Gusto bello es aquel con que se expresa todo lo más hermoso de la Naturaleza. Esté es superior al grandioso y al mediano, y es sublime en comparación del pequeño, que solo busca lo más ruin y feo de la Naturaleza. De la misma suerte sería fácil cotejar los Gustos agradable, expresivo, y otros que se podrían citar.

El Gusto es el que también determina al Pintor a tomar un motivo o fin principal, y que le hace escoger o descartar lo que le es conveniente o contrario: por lo que, cuando se ve una pintura en la cual todo está expresado sin distinción ni variedad, y en que nada se observa de particular, se concluye que el autor no tiene Gusto alguno, y que tales pinturas no tienen expresión alguna.

Cualquiera obra se acierta o yerra según el don de la elección que tiene el Pintor en el colorido, ropajes, claroscuro, y demás cosas relativas a la Pintura. Si escoge las más grandes y bellas, saldrá la obra de mejor Gusto. Bello es todo lo que hace ver todas las buenas cualidades de una cosa; y feo lo que solamente muestra las malas.

Debe considerar el Pintor cada cosa de por sí, pensando lo que querría que hubiese en ella, para escoger lo que más se acerca a su deseo; y cuente con que estas serán las bellezas. Por otra parte, considere lo que no querría que hubiese en cada cosa, y tenga por cierto que será todo lo feo. La expresión nace de la consideración de las cualidades de las cosas, porque nada exprime si no la cualidad. Por lo regular es bueno aquello que es benéfico y agradable a nuestros sentidos; y malo lo que ofende los ojos o la razón.

Todo lo que no es conforme a su propia causa o destino, lo que es contrario a su empleo, o existe sin comprenderse bien el motivo de su existencia, o no se ve, claro porque tiene aquella forma: todo esto, digo, ofende al entendimiento.

Contrario a la vista es todo aquello que dilata demasiado los nervios ópticos: y de aquí proviene que algunos colores, y aun el claroscuro mismo, cansan y ofenden la vista cuando son demasiado vivos y sobresalientes. Los lívidos o cárdenos fuertes nos disgustan, porque transportan la vista con demasiada prontitud de una sensación a otra, y producen con esto un esfuerzo o dilatación precipitada de los nervios, que fatiga la vista. Por la misma razón nos es tan agradable la armonía, porque muestra siempre las cosas del medio entre los extremos.

Por último, es menester advertir, que componiéndose la Pintura de tantas y tan distintas partes, no ha habido Profesor alguno que haya tenido un Gusto igualmente bueno en todas ellas; y por eso se ve que uno ha sabido escoger en una bien, en otra mal, y muchas veces ni mal ni bien: y esto es lo que caracteriza los Gustos diferentes de los más célebres Pintores, como veremos más adelante.

Capítulo IV.
CÓMO SE COMBINA EL GUSTO CON LA IMITACIÓN.

La Imitación es la primera parte de la Pintura, y por consiguiente la más necesaria, pero no la más bella; pues lo más necesario no es siempre lo más adornado y bello: porque el ser necesario denota pobreza; y el adorno es señal de abundancia. La Pintura en el mundo, generalmente hablando, más tiene de adorno que de necesidad; y debiendo las cosas ser estimadas según su primer fin y causa, se infiere que en la Pintura se debe preferir la Belleza a la necesidad. Por esto el Pintor que tenga mucho de lo Ideal deberá ser más estimado, que el que posea la sola Imitación; pero como el arte participa de ambas cosas, aquel será mayor maestro que las posea entrambas.

Estas dos partes tienen tal unión entre sí, que la Idea, que es la primera parte del Gusto, es el alma, y la Imitación el cuerpo. Esta alma, o llamémosla esta razón, debe escoger de todo el espectáculo de la Naturaleza las partes más hermosas según las ideas humanas; pero no

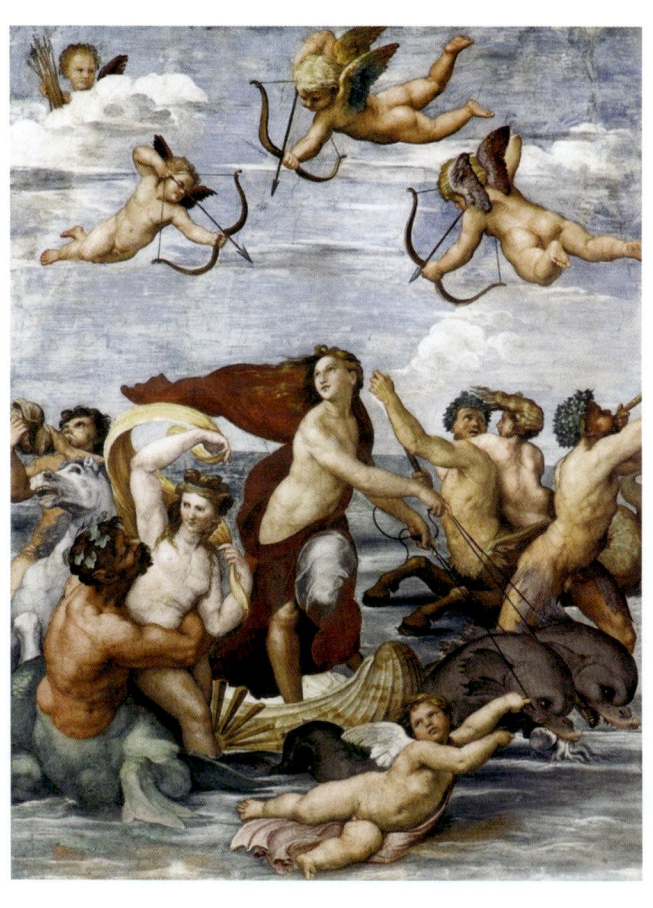

Raffaello Sanzio: *El triunfo de Galatea*, 1511
Villa Farnesina, Roma

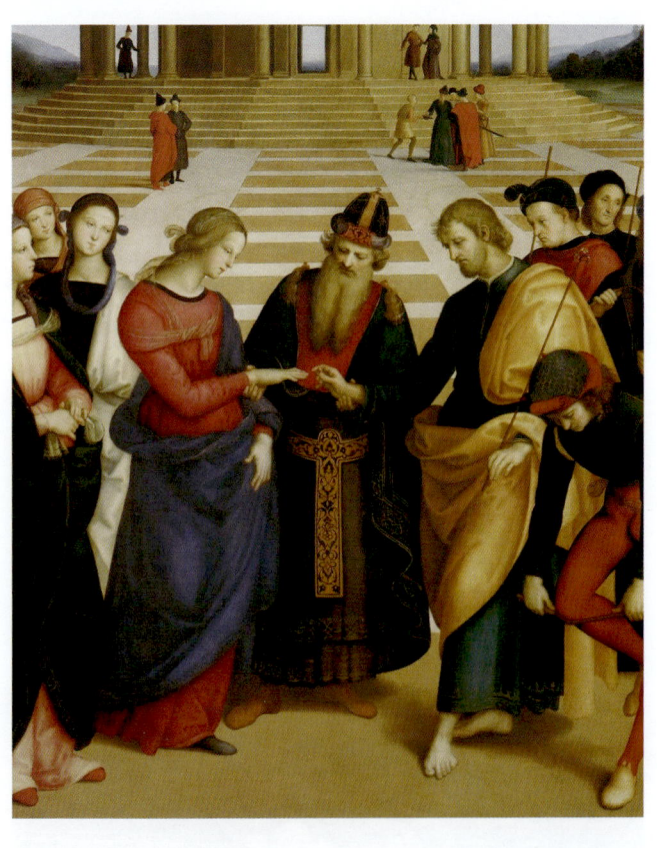

Raffaello Sanzio: *Los desposorios de la Virgen* (detalle), 1504
Pinacoteca di Brera, Milán

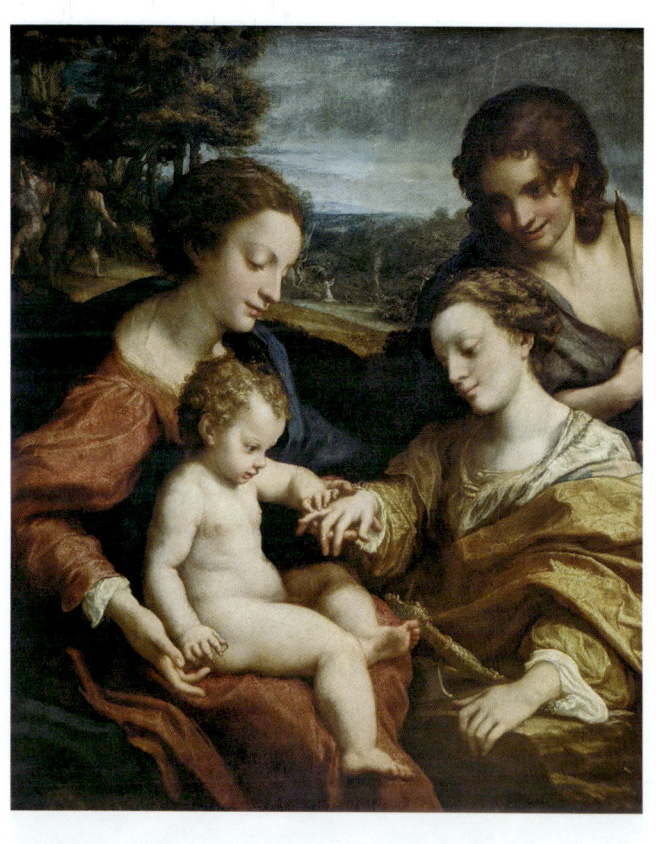

Antonio Allegri da Correggio:
Los desposorios místicos de Santa Catalina (detalle), 1526
Musée du Louvre, París

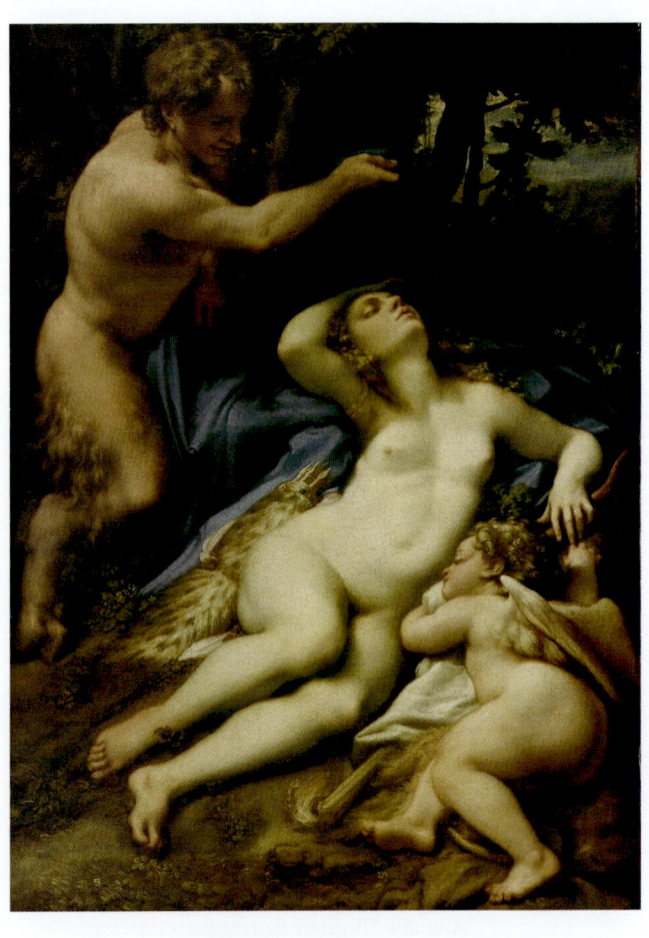

Antonio Allegri da Correggio: *Venus y Cupido*, 1525
Musée du Louvre, París

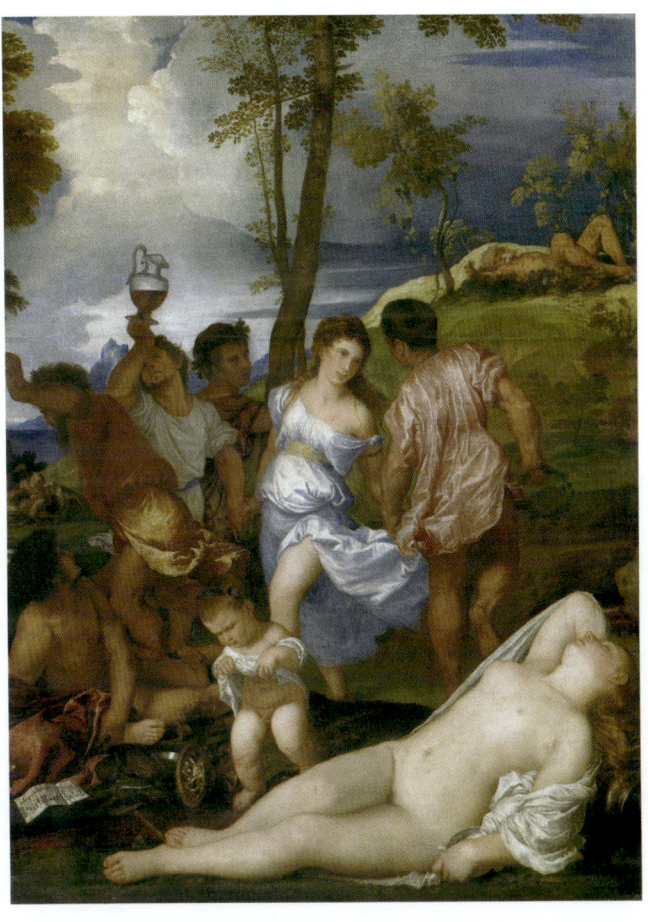

Tiziano Vecellio: *La bacanal de los andrios* (detalle), 1526
Museo del Prado, Madrid

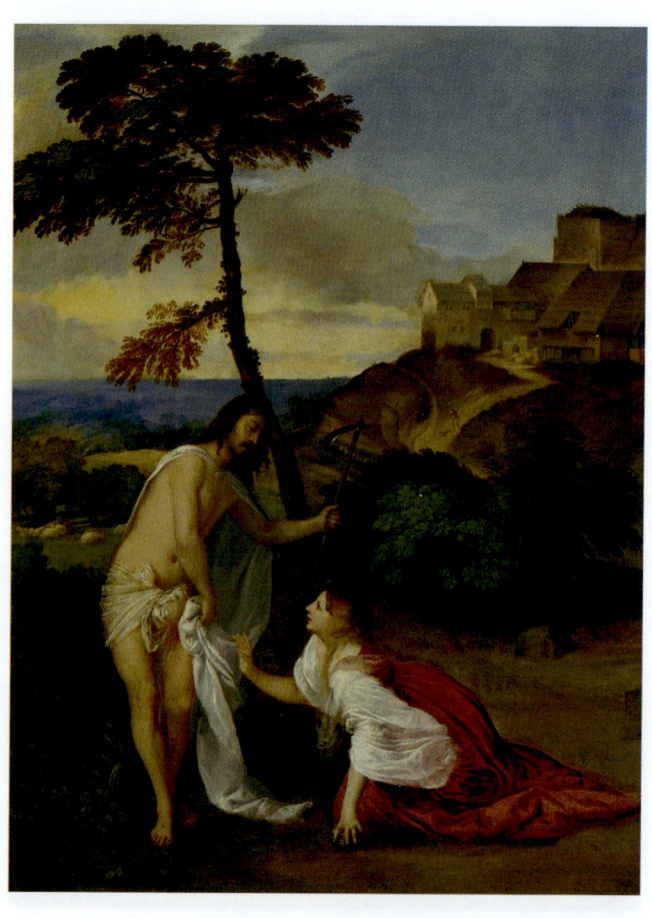

Tiziano Vecellio: *Noli me tangere*, 1514
National Gallery, Londres

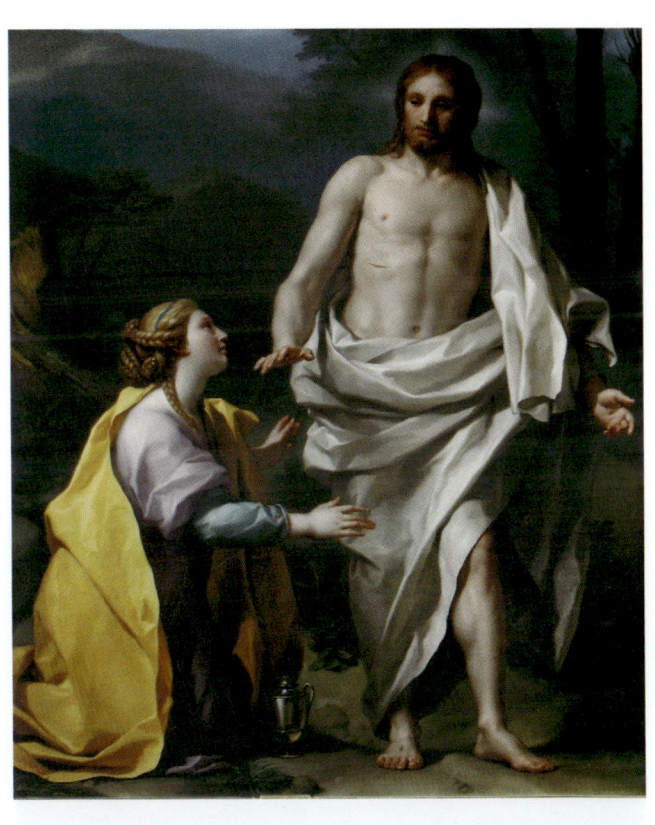

Anton Raphael Mengs: *Noli me tangere*, 1769
Palacio Real, Madrid

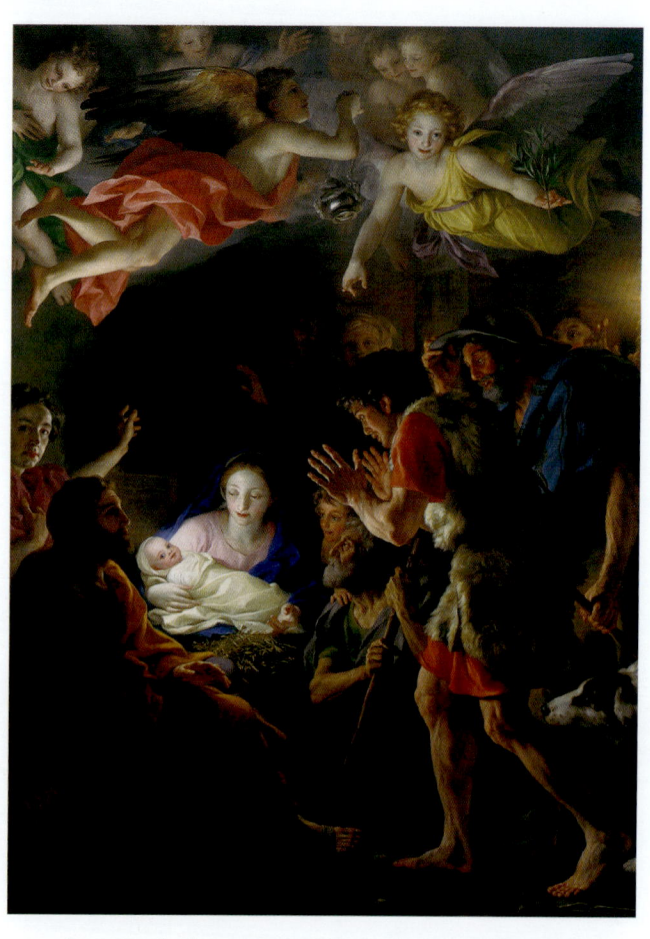

Anton Raphael Mengs: *La adoración de los pastores*, 1770
Museo del Prado, Madrid

debe inventar ni crear las que no existen, porque entonces se disminuiría el arte, y perdería, por decirlo así, su cuerpo, obscureciendo su belleza. Quiero decir, que por dicha Idea no entiendo otra cosa más que la buena elección de las cosas naturales, y no de las que no existen: y que si un cuadro contiene las más bellas partes de la Naturaleza, y que cada una demuestre la verdad de ella, será una obra de buen Gusto, sin perjuicio de la parte de la Imitación.

Capítulo V.
LA MANERA ES CONTRARIA DEL BUEN GUSTO.

Hay una diferencia muy grande entre el Gusto, y lo que los del arte llaman *Manera*. Aquél consiste, como he dicho, en la elección, y ésta es una especie de mentira: y es de dos modos, una que se hace omitiendo muchas partes, y otra inventándolas del todo. De una y otra tenemos ejemplos; pues los que han ido tras lo grandioso, muchas veces han omitido tantas partes, que hasta lo esencial del objeto ha quedado alterado y destruido; y los que han querido mudar y corregir las cosas que habían escogido, haciendo lo grande más grande, y lo pequeño más pequeño, han pasado más allá de la Naturaleza, tanto en las formas, como en el diseño, colorido, claroscuro, y todas las demás partes del arte.

El Gusto que más se acerca a la perfección es aquel que escoge lo mejor y más útil de la Naturaleza, conservando todo lo esencial de cada cosa, y desechando lo inútil. Entonces todo parece verdad y de Gusto excelente: porque de este modo la Naturaleza se mejora; pero no se muda ni altera, como sucede en la Manera.

Capítulo VI.
HISTORIA DEL GUSTO.

Aunque todas las cosas humanas sean imperfectas, nos ha quedado el arbitrio de escoger las menos malas; y así lo mejor de nuestras operaciones consiste en la elección. Hombre grande verdaderamente es el que conoce el valor de cada cosa, y sabe distinguir cual sea más o menos grande y estimable, a fin de escogerla, y ejecutarla como conviene y corresponde.

Con este modo de pensar y de obrar se han distinguido todos los hombres célebres y excelentes en el arte desde los antiguos Griegos hasta nosotros. Los más excelentes han conocido lo más digno de la Naturaleza, y sobre ello han hecho todos sus estudios, y empleado toda su industria y diligencia. Los medianos se han aplicado a lo mediano, creyendo que en ello consistía todo el arte: los pequeños se han enamorado de lo pequeño, tomando las menudencias por las cosas principales; hasta que finalmente la simpleza de los hombres ha pasado de lo pequeño a lo inútil, de lo inútil a lo feo, de lo feo a lo falso, y a las quimeras y disparates.

Los primeros que poseyeron Gusto grandioso fueron los Griegos; no aquellos primitivos que inventaron el arte, si no aquellos que le pusieron en el más alto grado de Belleza y de buen Gusto. Conocieron estos que las artes se hicieron para los hombres: que el hombre nada ama tanto como a sí mismo: y que por esto el hombre debe ser el objeto más digno del Arte; y así emplearon la mayor diligencia y estudio en esta parte de la Naturaleza. Siendo el hombre más noble y digno que sus vestidos, lo pintaron y modelaron por lo regular desnudo; exceptuando solamente en el sexo femenino lo que el pudor y la decencia no permiten descubrir.

Conocieron además que el hombre es la más digna obra de la Naturaleza por la comodidad y simetría de su formación, de su figura, y de la excelente disposición y ordenanza de sus miembros; y de aquí nació el estudio de las proporciones.

Observaron que la fuerza del hombre consiste en dos movimientos principales; uno de retirar los miembros hacia el centro de su cuerpo, y otro de extenderlos hacia fuera de él: y esta observación condujo a aquellos hombres al estudio de la Anatomía, y les dio las primeras ideas de la expresión. Sus usos y costumbres les servían mucho para semejantes observaciones, y sus juegos públicos les producían las ideas, y les hacían pensar la razón de lo que veían. Desde allí levantaron sus ideas hasta la divinidad, y tomaron aquellas partes de la Naturaleza humana que más se acomodaban con las imaginarias cualidades de sus dioses. De esta manera comenzaron a escoger, y a descartar en las figuras de sus divinidades todas aquellas partes que caracterizan la humana debilidad, haciendo los dioses de la figura del hombre, como la más perfecta; pero sin señalar sus debilidades y miserias. De este modo se halló la Belleza.

Finalmente buscaron y hallaron el medio entre la divinidad y la humanidad. Unieron estas dos partes, y así inventaron la forma de sus héroes, con lo cual llegó el arte al más sublime grado que podía llegar; pues con dicha unión de lo humano con lo divino conocieron los significados propios de lo bueno y de lo malo que hay en las figuras y en las cosas.

Además de lo dicho hasta aquí, sus costumbres les dieron ocasión de ejercitarse en las cosas accidentales, como son los paños, animales, y otras semejantes; pero nunca las estimaron más de lo que merecían mientras ejercitaron el Arte los ingenios grandes y elevados. Después, cuando empezaron a practicarle los ánimos serviles, y ya no juzgaban ni estimaban las obras los sabios y filósofos, sino señores y ricos, empezó a degenerar poco a poco, y paró en frioleras y menudencias; de modo que ya en aquel tiempo se hacían cosas necias, inverosímiles y falsas: y así nació el Gusto que llamamos grotesco, y otros que se le parecen.

Desde entonces el Arte no estuvo sujeto a la razón, si no al acaso. Si había algún señor de buen Gusto se contentaba con animar a los artífices a la imitación de los que ya en aquel tiempo se llamaban antiguos; pero la Belleza en sus obras no se juzgaba por la razón, si no por los ojos. Se obraba al modo de los antiguos; pero sin servirse, ni comprender sus ideas y motivos. La gran diferencia que de esto se deriva en las obras que produce la pura Imitación, es que siempre son desiguales, de modo que muchas veces una parte parece hecha por un hombre grande, y otra por un ignorante. Por esto es necesario que el Pintor que imita procure imitar no sólo su modelo, sino también la idea y la razón del que hizo el objeto de la Imitación. Cuando la casualidad hizo que hubiese una serie no interrumpida de grandes señores de buen Gusto, como sucedió con algunos Emperadores Romanos, se vio al instante renacer el arte; pero esta nueva luz se apagó luego que faltó el favor que la alimentaba. De este modo fueron creciendo y menguando el Arte y el Gusto, hasta que finalmente se puede decir que se extinguieron del todo, cuando los artífices empezaron a trabajar por práctica, y a modo de artesanos. Así cayó el arte en un desprecio universal, no sólo de los sabios y señores, sino también de todo el público: y este mismo desprecio le impidió levantarse; porque no siendo una cosa efectivamente necesaria como las otras ciencias y artes, faltaba este impulso para mantenerla: y mucho más debía olvidarse en aquellos siglos bárbaros, en que el mundo, y particularmente Europa, se hallaba en una especie de sistema de continua guerra, y los hombres únicamente ocupados en destruirse y oprimirse mutuamente.

Finalmente, cuando el mundo despertó de este terrible letargo, y comenzó a tomar un aspecto un poco más ordenado y tranquilo, las artes también renacieron de la nada, por decirlo así: y algunos Pintores, miserables reliquias de la oprimida Grecia, que solamente habían conservado algo del arte por el uso de las imágenes que hacían para los pocos católicos que allá había, trajeron a Italia la Pintura; pero tan imperfecta y desfigurada, que no se distinguía en ella otra cosa buena sino es el deseo de pintar. Por otra parte, su pobreza, compañera inseparable del desprecio, no les dejó aspirar a la perfección.

Este desaliñado principio sirvió no obstante a introducir el Gusto de la Pintura en Italia, entonces rica y poderosa, y algunos ingenios trabajaron para sacarla de aquella barbarie, entre los cuales el que más se distinguió fue

Giotto. Pero como el conocimiento debe preceder a la elección, se siguió que todos los que vivieron antes de Rafael, Correggio y Ticiano no buscaron más que la pura Imitación, sin saber qué cosa era Gusto: y así sus cuadros son en cierto modo un verdadero caos; porque los que querían imitar a la Naturaleza, no sabían cómo; y los que podían hacerlo, no lo hacían, queriendo escoger, sin saber cómo se escoge.

En tiempo de los tres grandes hombres que he citado Miguel Ángel elevó la Pintura hasta la elección, y de ella nació el Gusto en el arte; pero siendo el arte una Imitación de toda la Naturaleza, es esta demasiado vasta para que un solo entendimiento la pueda comprender en su generalidad.

Todos los Pintores antes de la época referida escogían imperfectamente, y dejaban por ignorancia ya una, o ya otra parte esencial. Los tres dichos grandes Maestros cultivaron cada uno una parte singular del arte, aplicando a ella toda su intención, como si toda el arte consistiese en aquella parte sola. Rafael escogió la expresión, y la halló en la composición y el diseño; Correggio buscó lo agradable en las formas, y principalmente en el claroscuro; y Ticiano finalmente abrazó la apariencia de verdad que se halla en los colores. El más sublime entre estos tres debe ser naturalmente el que poseyó la parte más esencial: y siendo esta sin duda la expresión, es Rafael sin contestación el primero de todos. Después de él entra Correggio: porque lo agradable es la segunda parte importante de la Pintura. Y como la verdad es más una obligación que un adorno, quedó a Ticiano el tercer lugar. Todos tres sin embargo son grandes Pintores: porque cada uno poseía con excelencia una parte principal de la Pintura. Los demás, que han venido después, no han poseído más que una porción repartida de alguna de las partes que poseían los primeros: por lo que son de gusto y mérito inferiores.

Siendo lo Ideal la primera y máxima parte de la Pintura, se concluye que los antiguos Griegos fueron los mayores de todos: porque su elección y gusto comprende todas las perfecciones sensibles. Si he de decir mi dictamen sobre el modo y camino por donde llegaron a tan alto grado de perfección, digo que me parece que consistió en que no emprendieron el cultivo de un campo tan extenso como nosotros; y así podían con talento igual al de los modernos pasar más allá que ellos, y acercarse más al centro de la perfección. Además de esto, no eran los Griegos ignorantes los que juzgaban las obras, como muchas veces sucede entre los filósofos y entendidos. Uno de estos juzga siempre de las obras ajenas con Inteligencia y humanidad; cuan do al contrario los ignorantes no buscan en sus críticas más que el desprecio del próximo, y la satisfacción de su envidia.

Los antiguos buscaban la perfección más que nosotros, y para hallarla tomaban una parte separada del arte. Comenzaban por lo más necesario, y se contentaban con perfeccionar aquello, sin pretender abrazar demasiado, y quedar imperfectos. Nosotros al contrario nos pagamos de parecer perfectos a los ojos de los ignorantes y necios, cuyo dinero nos satisface más que el aplauso de los sabios y entendidos, que no nos enriquece; y la obediencia a los ricos prevalece sobre la razón y las reglas del arte.

Debemos la Belleza en el arte a aquellos pueblos donde la estimación y la grandeza no se medían por las riquezas, sino por el saber y la razón; y donde un filósofo se tenía por el primer hombre de una ciudad, y el artífice excelente se reputaba por filósofo. En unos pueblos y naciones semejantes pudieron las artes llegar a la verdadera grandeza; pero como estos ya no existen, será difícil que en nuestros días vuelvan a estar en aquel grado.

No obstante, por si algún artífice, a despecho de la depravación universal, quisiese buscar el buen Gusto en la Pintura, le voy a enseñar el camino y los medios por donde podrá dirigirse, y sin los cuales le será imposible conseguirlo.

Capítulo VII.
INSTRUCCIÓN A LOS PINTORES
PARA ADQUIRIR EL BUEN GUSTO.

Dos son los caminos que conducen al buen Gusto, cuando se camina con la guía de la razón. El más difícil es el de escoger lo más útil y bello de la Naturaleza; el otro más fácil es el de estudiar las obras en que la elección está ya hecha.

Los antiguos llegaron a la perfección, esto es, a la Belleza y al buen Gusto, por el primer camino, como queda ya indicado; y los modernos por la mayor parte han ido por el segundo, a excepción de los tres grandes hombres arriba nombrados. Estos siguieron un camino medio entre unos y otros, estudiando la Naturaleza, y la bella Imitación de ella.

Es mucho más difícil conseguir el buen Gusto por medio de la Naturaleza, que no por el de la Imitación; porque aquello pide una especie de discernimiento y entendimiento filosófico capaz de distinguir lo que en las cosas se halla de bueno, de mejor, y de óptimo; y esto en la Imitación es más fácil, cuanto más fácilmente se comprenden las obras de los hombres, que las de la Naturaleza.

A fin de lograr la verdadera Imitación es necesario que no se abuse de ella; antes bien que se mediten las obras de los insignes Profesores, para descubrir cómo pensaron sobre la Naturaleza. De otra manera no se pasará de la superficie, ni se comprenderá jamás la belleza de tales obras.

Como el hombre en su infancia debe ser alimentado del modo que pide su estómago, hasta que, creciendo los años, pueda digerir alimentos más fuertes y sustanciosos, así se debe proceder con los entendimientos de los principiantes de Pintura. No se les deben dar al principio alimentos fuertes ni duros: esto es, no se les deben proponer cosas difíciles, ni ideas demasiado grandes; porque de hacerlo se seguirá que su entendimiento se hará falso, o erróneo, y se llenarán de presunción y soberbia, por la natural inclinación que tienen los estudiantes a persuadirse que saben todo lo que les ha dicho el maestro.

Debe pues el principiante ser alimentado con la leche más pura del arte: quiero decir, con las obras más perfectas de los más célebres profesores; y luego diré el método con que se han de distinguir y juzgar. No debe ver, y mucho menos imitar, obras imperfectas ni feas; y aún en las bellas se debe contentar con imitarlas exactamente, sin entrar en la razón de su Belleza: y así adquirirá la precisión y exactitud de la vista instrumento más necesario del arte.

Cuando haya pasado este primer término, comenzará a meditar con reflexión las obras sobredichas, indagando las ideas y motivos de sus autores. Gobernándose de este modo verá las pinturas de Rafael, Correggio y Ticiano, examinando todo lo que hay bello en cada cuadro: y cuando observare algunas partes constantemente bien ejecutadas y perfectas, inferirá que éstas fueron el objeto principal, y la elección de aquel profesor. Las otras que vea en parte bien, y en parte mal ejecutadas, le denotarán que no fueron el objeto primario del autor, y por consiguiente que no se debe buscar en ellas el Gusto, ni la causa de la Belleza de sus obras.

Hay dos partes principales en la Pintura, que manifiestan la Belleza: estas son las formas, y los colores. Con las formas se individuan todas las expresiones de las pasiones humanas; y con los colores todas las cualidades de las cosas, como lo duro, blando, húmedo, seco, etc. Rafael poseía la expresión en grado eminente; y ella es la causa de la Belleza de sus obras. Dio el colorido algunas veces harto bien, y otras medianamente; pero este género de Belleza no lo ponía en sus obras de propósito, si no por accidente imitando a la Naturaleza. Por eso no se debe buscar en él otra cosa principal que la expresión. La perfección de esta consiste en que, en un cuadro de historia, por ejemplo, el sujeto airado, alegre, melancólico, o agitado de cualquiera otra pasión se exprese de tal manera, que no pueda significar otra cosa; y que la signifique precisamente en aquel estado y medida de afecto que pide el asunto: de suerte que la historia se entienda por las figuras, y no haya necesidad de explicar las figuras por la historia.

Examinando del mismo modo las obras de Correggio, se hallará mayor atractivo que en las de ningún otro Pintor. Para conocer en qué consiste este placer y este atractivo, debe saberse, que la Pintura deleita por medio de la vista, y que ésta halla su deleite en el reposo y en la quietud. Lo que más contribuye a esto es el claroscuro y la armonía, que fueron las partes en que más sobresalió Correggio, como se puede ver en todas sus pinturas. Mientras buscaba la quietud y el reposo para agradar a la vista, hallaba la grandiosidad de las formas; porque todo lo pequeño cansa más los ojos que lo grande: y en esto consiste la Belleza de Correggio.

Ticiano buscaba la Belleza por distinto camino que Rafael. Este representaba al hombre entero, y particularmente su alma en todas sus pasiones. Aquel buscaba la verdad solamente en la materia, tanto en el hombre, como en los demás objetos, aplicándose a expresar el ser y cualidad de las cosas con aquellos colores que les son propios: y esto lo consiguió perfectamente. En sus obras todo tiene el color que debe tener. La carne parece que tiene sangre, graso, húmedo, músculos y venas: y así produce aquella tan grande apariencia de verdad. Esta parte, pues, es la que se debe buscar en sus obras: y se halla en ellas, tanto en las más perfectas, como en las inferiores.

Estas son las causas de las Bellezas de las obras de estos tres hombres grandes. Con el mismo método se deben buscar en las de cualquier otro Pintor: y ya se ha dicho que este método consiste en saber observar aquello que constantemente se ve practicado por un artífice, de cuya manera se llegarán a descubrir sus ideas y motivos, que provienen de sus sensaciones naturales. Ahora diré cómo los tres insignes Pintores sobredichos llegaron a hacerse de ellas cada uno un Gusto particular.

Eran sabios, y tenían entendimientos filosóficos, con que conocían que el hombre no puede ser perfecto en todas sus partes; y así cada uno escogió separadamente aquella en que creía que consistía la mayor perfección, para mover y agradar primero a sí mismos, y luego a los demás.

Todos tres tenían la misma intención, y la propia mira de agradar y mover; pero esto no se puede lograr en todas sus partes en las obras materiales, si no se hace ver la causa del agrado; esto es, si no se hace sentir a los otros en la Pintura aquel efecto que hizo en ellos la causa natural: y así dichos tres profesores expresaban lo mismo que ellos habían sentido primero. El haber todos ellos elegido una parte separada, y haberla expresado diversamente, provino de sus distintos temperamentos y complexiones.

Rafael debía tener los sentidos moderados, y un ingenio todo fuego, que le suministraba siempre ideas llenas de expresión, haciéndole gustar de lo más expresivo. Correggio tendría un espíritu blando y moderado, que le haría aborrecer las cosas fuertes, y demasiado expresivas: y por consiguiente escogería siempre lo tierno y agradable. Ticiano debía tener mucho menos espíritu, y más de material que los otros: pues percibía y escogía únicamente lo material de la Naturaleza. De estos tres el primero es sin duda Rafael.

Por esto Rafael comenzó inventando sus obras con la mira sola de la expresión, y nunca dio a un miembro movimiento que no fuese absolutamente necesario, y que no produjese alguna expresión: y lo que es más, nunca dio pincelada en figura alguna, ni en miembro, que no fuese con idea de que sirviese a la expresión principal. Desde la figura entera del hombre, hasta el menor de sus movimientos, todo sirve en las obras de Rafael al asunto y motivo principal; y habiendo además de esto desechado todo lo inútil que no expresa algo, se ven todas sus obras llenas de Gusto expresivo.

La razón porque las pinturas de Rafael no gustan a primera vista a todos igualmente es porque sus Bellezas son Bellezas de la razón, no de los Ojos, y necesitan de la reflexión, y satisfacer al entendimiento para gustar: y como muchas personas padecen flaqueza en esta parte, no es mucho que les hagan poca o ninguna impresión las Bellezas de aquel gran Pintor.

Rafael se proponía por fin principal la expresión, y por eso daba a cada figura un significado diverso, según pedía la historia de su cuadro: y como poseía esta parte en toda la extensión de la Pintura, ha quedado por carácter propio y particular de sus obras.

Del propio modo, y con desechar todo lo inútil que no servía a su objeto principal, adquirió Correggio el gusto agradable: y Ticiano el de la verdad.

Para aclarar todas las obscuridades que puede haber en esta Obrita, explicaré en la Tercera parte de ella con mayor extensión el Gusto de estos tres hombres célebres, examinándole, y contrayéndole a todas las partes de la Pintura, para lo cual me valdré de sus obras, conforme yo las he examinado y observado. Comenzaré por el Diseño, y después pasaré al Claroscuro, Colorido, Composición, Ropajes, y Armonía, para confirmar con ejemplos lo que hasta aquí he dicho del Gusto.

Ejemplos del Gusto.

Capítulo I.
Consideraciones sobre el Diseño de Rafael, Correggio y Ticiano, y sobre la intención que tuvieron en la elección de él.

No fue siempre Rafael igual a sí mismo; pues debió pasar por los primeros rudimentos, antes que llegase a poder explicar sus grandes ideas. Tuvo sin embargo la fortuna de nacer en los tiempos de la infancia y de la inocencia del arte; y así no aprendió al principio más que la Imitación de la pura verdad; y esta fue la que le dio aquella grande exactitud y precisión de vista, que después le sirvió de basa y fundamento para el magnífico edificio que levantó de la Pintura.

Hasta entonces no había conocido Rafael que cosa era la elección; pero cuando vio en Florencia las obras de Leonardo de Vinci, y Miguel Ángel, se despertó su grande ingenio, y con su actividad conoció que se podía pasar más allá de la Imitación.

Es verdad que en aquellas obras había una especie de elección y de grandiosidad; pero como aún no tenían la verdadera Belleza, no podían servir de guía a Rafael para hallar la verdadera elección, y el buen Gusto: pues para que una cosa sea apta a fin de servir de modelo, debe ser, no solamente buena, Sino perfectamente hermosa. Por tanto, Rafael se quedó por algún tiempo en una especie de obscuridad, y adelantaba lentamente; pero después vio en Roma las obras de los antiguos, y entonces fue cuando halló su ingenio por la primera vez lo que le convenía.

Como había puesto por fundamento la exactitud de la vista, le fue fácil imitar a los antiguos, del mismo modo que hasta entonces había imitado a la Naturaleza, sin que por eso la abandonase; antes bien aprendió de ellos el modo de elegir bien entre las cosas naturales. Halló que los Antiguos no la siguieron en todas las menudencias, y que eligieron solamente lo bello y necesario, descartando lo superfluo. Concluyó de allí que aquella era una de las causas principales de la Belleza de los antiguos: y por eso fue esta la primera parte que mejoró.

Comprendió, además, que la articulación de los huesos, y el juego de los miembros forman toda la soltura y facilidad del movimiento en la admirable estructura del cuerpo humano, y que los Antiguos hicieron de esto el mayor estudio; y así él no se contentó, como otros buenos Pintores, con la exterior Imitación de si no que exa-

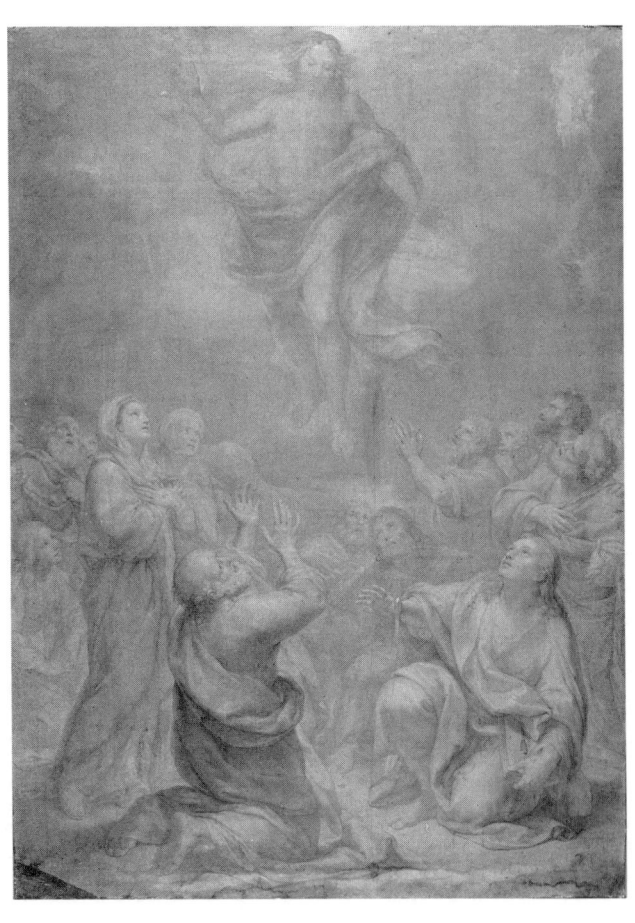

Anton Raphael Mengs: *La Ascensión*, dibujo,
Museo del Prado, Madrid

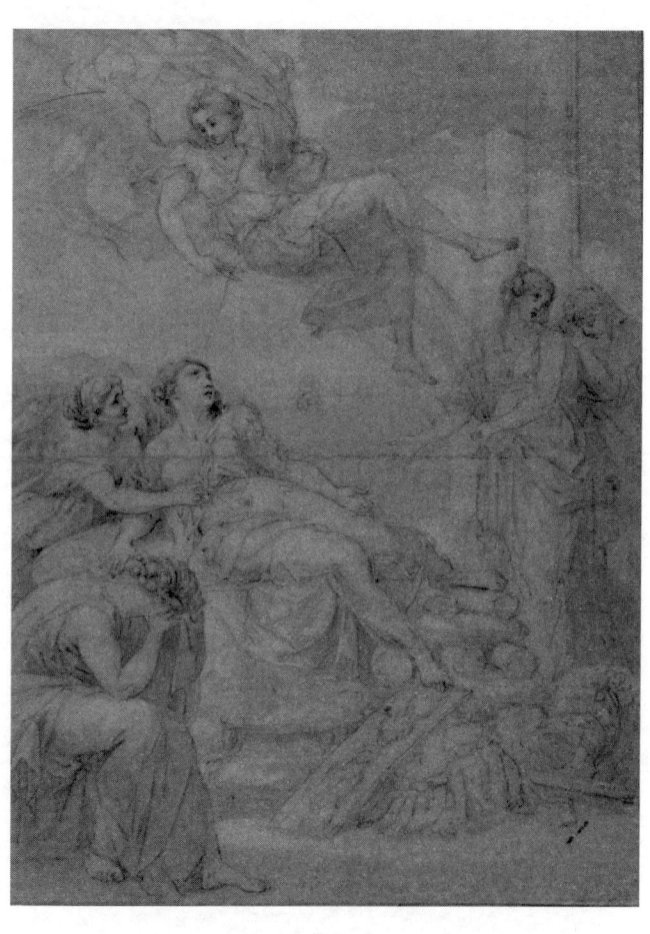

Anton Raphael Mengs: *La muerte de Dido*, dibujo,
Crocker Art Museum, Sacramento

minó con el mayor cuidado la razón y causa de sus Bellezas.

No dudo que si Rafael hubiese tenido ocasión de ejecutar figuras puramente ideales se habría acercado mucho más a las obras de los antiguos; pero como las costumbres de su siglo eran tan diversas de las de los Griegos, y como las grandes ideas habían degenerado en pequeñeces, no halló su espíritu, inclinado naturalmente a lo grande, otra cosa en que mostrarlo si no en la Expresión. En parte la veía en los antiguos; y aún más en la Naturaleza: y así se contentaba con tomar de aquellos las formas principales; y muchas veces escogía del natural las que se acercaban más a las de las Estatuas Griegas.

Pasando adelante, examinaba la Expresión de cada miembro particular; y así llegó a conocer, que ciertos lineamentos producen determinadas Expresiones, que convienen a ciertos casos y temperamentos; y que tal semblante pide tales y tales manos, pies, miembros, etc. y así los unía con grande exactitud, combinando con el aspecto todos los movimientos de la figura.

Para la ejecución del Diseño pensaba siempre lo primero en la idea o motivo principal, y en la medida y formas primarias: después en la osatura y articulaciones: luego en los músculos y nervios más esenciales: y, por último, en las venas, y músculos menores; y hasta en las arrugas, cuando era menester. Pero siempre se ven expresadas con más claridad y distinción las partes más principales; y si en sus diseños se echa de menos alguna cosa, no será ciertamente de las esenciales, si no de las mínimas y accidentales.

Aun en sus obras inferiores se ve la perspicacia de su entendimiento: pues, aunque señale una cosa con pocas pinceladas, esta es luego una parte importante y principal; y lo que falta es siempre poco en comparación de lo que hay. Lo necesario no falta jamás; y lo superfluo siempre. Es expresivo hasta en la manera de manejar el pincel. Sus carnes son redondas, sus nervios derechos, los huesos angulares; y cada cosa lo es más o menos, según su propia cualidad. En suma, todo es verdad en sus obras.

Lo que llevo dicho deberá bastar a quien quiera tomarse el trabajo de pensar y examinar por sí mismo el Diseño de Rafael. Ahora paso a decir algo del de Correggio.

Nació éste once años después que Rafael, cuando el arte estaba aún en la misma simplicidad. Comenzó a estudiar siguiendo casi únicamente la Imitación de la Naturaleza: y como su genio le llevaba más a lo agradable que a lo perfecto, halló el modo de conseguirlo en la uniformidad, apartando de sus diseños todo lo angular y agudo. Engolfándose después más en el arte, el Claroscuro le hizo conocer, que la grandiosidad de las partes contribuía mucho a lo agradable; y entonces comenzó a descartar las menudencias, y a engrandecer las formas, evitando todos los ángulos. Con esto formó una especie de Gusto grandioso aún en el Diseño; pero que no siempre era conforme a la verdad.

Correggio hacía los contornos ondeados, y su Diseño generalmente no era el más exacto, bien que grandioso y agradable; pero no por esto debe despreciarle quien le estudie, sino procurar sacar miel también de esta flor, y aprovecharse de sus Bellezas, siempre que se puedan acomodar con la Naturaleza, y que las circunstancias y cualidades de la cosa lo permitan. Cuando Correggio dibujó alguna parte de algún bello objeto o modelo, su Diseño es también bello por Imitación. Y esto baste sobre el Diseño de este Profesor.

Ticiano fue su contemporáneo; pero no tiene otra parte en el Diseño que la Imitación de la Naturaleza, la cual ejecutaba muy bien, siempre que se le presentaba bella; porque poseía una grande exactitud de vista, como casi todos los Pintores de aquel tiempo: y si todos hubiesen sabido escoger tan bien como Rafael, todos habrían diseñado tan bien como él.

No me ocurre decir otra cosa sobre el Diseño de Ticiano: y así paso a las reflexiones del Claroscuro de estos tres célebres Pintores.

Capítulo II.
CONSIDERACIONES SOBRE EL CLAROSCURO
DE RAFAEL, CORREGGIO Y TICIANO.

No tuvo Rafael a los principios idea alguna del Claroscuro, porque solo se proponía imitar a la Naturaleza; y como el imitar sin elección no puede producir cosas bellas, sus obras carecían de Belleza. Después cuando vio en Florencia las obras de aquellos profesores, observó que el Claroscuro daba cierta grandiosidad: y viendo y examinando las pinturas de Fray Bartolomé de San Marcos, y de Masaccio, conoció que sobre un miembro elevado no se debían poner pliegues grandes, ni cosas obscuras que le cortasen. Con esto empezó a trabajar con distinción, buscando aquellas partes que llamamos en la Pintura *Masas*,* y unió sus colores en los sitios más realzados, tanto en las figuras desnudas, como en las vestidas; y así hacía parecer en sus obras una claridad tal, que aun desde lejos se distinguían luego las figuras. Y esta es una cualidad muy útil y necesaria en la Pintura.

Finalmente, cuando vio en Roma las obras de los antiguos se confirmó en este Gusto, y con la Imitación de

---

* *Masa* en términos de Pintura quiere decir el sitio donde se junta una gran cantidad de luz, o de sombra. Cuando un cuadro se ve a poca luz, solamente se distinguen en él los claros más fuertes: y aquellos son *Masas de luz*.

ellas adquirió el modo de dar relieve a todas las cosas. A este punto llegó solamente; y si alguna vez pasó de él haciendo alguna Masa, no fue con fin determinado; porque como su objeto principal se dirigía a la Expresión y a la verdad, se contentaba con aquella parte de Claroscuro que nace de la Imitación, y no de lo Ideal.

Su costumbre era poner el mayor Claroscuro en las figuras de delante, haciendo los ropajes y demás cosas como si fuesen de un mismo color; y forzaba los claros de los objetos anteriores hasta el blanco, y los obscuros hasta el negro. Este hábito le vino de la costumbre que tenía de dibujar sus asuntos por modelos chicos que para ello hacía; pues pocas veces hizo bosquejos pintados. De esto nacía que sus pinturas tenían una especie de Claroscuro que las hacía parecer sombreadas por las estatuas; esto es, que cuanto más de cerca las representaba, las hacía más realzadas; y cuanto más lejos, más débiles y deslavadas. Los grandes maestros del Claroscuro no lo hicieron así; y por eso no se debe imitar a Rafael en esta parte, y sí a Correggio.

También este empezó a hacer sus obras imitando a la Naturaleza. Como era de una sensibilidad muy delicada, no pudo sufrir la dureza que veía en sus maestros; y así comenzó poco a poco a abandonar las cosas pequeñas interiores, y a hacer las otras más flexibles y suaves; pero con todo eso se vela obligado de la pequeñez de las formas naturales a poner lo claro tan junto a lo obscuro, que este veloz pasaje venía a ofender su vista. Para remediarlo estudió más profundamente la Naturaleza, y halló que todo lo grande deleita la vista, por la quieta y dulce conmoción que la causa, y lo pequeño la fatiga; y así se dio a engrandecer sus formas.

Reparó además de esto, que el excesivo claro le obligaba a cargar con demasiadas cosas su pintura para imitar la Naturaleza; y por eso buscó, y halló el modo de usar de él menos que sus Maestros. Situaba los cuerpos de manera que un lado solo estuviese iluminado; y así parecía la mitad de la figura clara, y la mitad obscura. Pero como la obscuridad es casi siempre ingrata a la vista, discurrió que la reflexión de la luz sería a propósito para hacer agradable la Pintura. Comenzó pues a interrumpir con ella todos los obscuros; y con poco claro y muchos reflejos, con mucho de lo grande, y poquísimo de lo pequeño, mucho resplandor, y nada reluciente, logró la más grata apariencia. Conoció también que todas las cosas, y particularmente los colores más hermosos a proporción de la impresión del Claroscuro; y por eso no despreció jamás la claridad de los cuerpos, ni aun en los obscuros, sino en algún caso absolutamente necesario. Con esto consiguió la misma claridad que Rafael, pero con mucha más suavidad; y sus obras parecen más abultadas, cuanto más de lejos se miran.

Antes de llegar a esta perfección de Gusto, los extremos de sus claros eran un poco duros y cortados, como se observa en la misma Naturaleza cuando la luz se toma demasiado lateral, o que es demasiado fuerte; pero al fin se corrigió de modo que hizo cosas de la más perfecta dulzura y agrado.

No ponía, como Rafael, los claros precisamente delante; si no en aquel sitio que creía que harían mejor efecto. Si caían naturalmente en aquel lugar que deseaba, allí los ponía; pero si no, ponía en él alguna materia luciente u opaca, como carnes, ropas, o cosa semejante, de manera que hiciese aquella vista que deseaba: y de este modo inventó una especie de Belleza ideal en el Claroscuro.

Además de esto hacía con él Armonía, repartiendo de manera sus claros, que el mayor de ellos, y el mayor obscuro se hallaban en una sola parte del cuadro.

Su delicada sensibilidad le hizo comprender, que la contraposición violenta del claro y del obscuro producía siempre una especie de dureza; por lo que no ponía el negro inmediatamente junto al blanco, según han hecho otros Profesores que como él buscaban la Belleza en el Claroscuro; antes variaba por grados sus colores, colocando un ceniciento al lado del blanco, y luego un pardo más obscuro antes de llegar al negro: con lo cual la obra quedaba muy suave. Tenía gran cuidado de no juntar dos masas de Claroscuro igualmente grandes; y cuando venía a un lugar alguna gran luz, o sombra, huía de poner a su lado otra semejante, interponiendo alguna media tinta, para conducir la vista de una cosa fuerte a otra suave. Con este continuo variar se mantienen los ojos en agradable movimiento, sin cansarse jamás de ver una obra en que hallan siempre nuevos objetos de gusto y deleite. Por esto el Correggio es el mayor maestro del Claroscuro y de la Gracia.

La parte del Claroscuro es más necesaria en la Pintura de lo que se cree comúnmente; porque es una cosa que la comprenden los ignorantes igualmente que los entendidos. Del Diseño solo pueden juzgar estos últimos; y cuando el Claroscuro se halla de la manera y con la perfección que está en las obras del Correggio, basta para que la pintura así hecha sea digna de todo aplauso y estimación.

Ticiano, que también tomó por basa la Imitación, poseía muy poco la elección en el Claroscuro; y el que hay en alguna de sus obras es efecto puramente de su Colorido: pues cuando procuraba imitar a la Naturaleza en el color, veía que era imposible conseguirlo, sin observar su grado de luz: y así hallaba que para que parezca natural el aire, es menester pintarle claro, siendo éste su color: que la tierra debe ser menos clara que el aire, y aún menos que las carnes: y estas reflexiones le hacían hallar algunas veces una suerte de Belleza de Claroscuro, la cual, como he dicho, hace solamente de la cualidad de su Colorido.

Sin embargo de esto, como Ticiano poseyó la Imitación de la Naturaleza en un grado perfectísimo, no se puede suponer que ignorase del todo la parte del Claroscuro; y así no quiero yo decir que carecía enteramente de esta inteligencia; si no que el Claroscuro no es la causa de la Belleza de sus obras, y que su habilidad principal consistía en el Colorido. Muchas veces cayó Ticiano en una gran dureza, y en falta de Claroscuro, principalmente cuando quería contraponer las cosas, y buscar equilibrio; de que se infiere, que no hizo de él su estudio principal, y que se contentaba con lo preciso para explicar la cualidad de las cosas. Vamos ahora a hablar del Colorido de estos tres Pintores.

Capítulo III.
CONSIDERACIONES SOBRE EL COLORIDO DE RAFAEL, CORREGGIO Y TICIANO.

Habiendo hasta aquí nombrado a Rafael el primero, seguiré el mismo orden hablando del Colorido; no obstante que en esta parte sea el último de estos tres profesores.

Cuando Rafael comenzó a pintar usó de los colores a temple, esto es, desleídos en agua y cola, según la costumbre de su tiempo; y siendo de esta manera mucho más difícil que de las otras el colorir bien, le quedó, como a sus maestros, un Gusto crudo y desagradable. Pasó luego a pintar a fresco, en cuya práctica el Pintor no puede imitar bien a la Naturaleza, debiendo en gran parte trabajar de idea, y de imaginación: y con esto se formó una especie de hábito, o manera, que le apartó un poco de la delicadeza natural.

Aprendió en Florencia con Fray Bartolomé de S. Marcos una buena graduación de color, y se la hizo propia; y como al mismo tiempo aprendió a pintar al óleo, mejoró su Colorido, y perfeccionó su fresco bastante bien. Sin embargo, cotejándole en esta parte con los otros dos maestros, se halla crudo y seco: por cuya razón no me detendré más en hablar de su Colorido; bastando advertir que no se debe tomar por modelo en esta parte.

Correggio desde sus principios pintó al óleo: y como en este género es más fácil dar cierta suavidad a los colores, se aplicó a una práctica que tanto mérito dio a sus cuadros.

Estudiando el Claroscuro vio que los colores que no son jugosos y transparentes, no pueden representar las verdaderas sombras; y así buscó los colores transparentes, y que formasen como una especie de velo, para hacer obscuro lo que verdaderamente lo debe ser. La razón porque los colores obscuros, que no son jugosos y transparentes, no pueden representar verdadera sombra, es porque los rayos de la luz no pasan de la superficie, y así parecen muy obscuros, pero al mismo tiempo relucientes e iluminados. Al contrario, los jugosos, dejando pasar los rayos, queda su superficie realmente obscura.

También Correggio conoció la necesidad de empastar bien los colores, porque el cuerpo de ellos debe ser tal, que pueda recibir y reflejar mayor luz y claridad.

De haber comprendido que la obscuridad pertenece a las tinieblas, y la claridad a la luz, arguyó que debían ser negras las tinieblas; pero que la luz, como derivada del sol, no es del todo blanca, sino algo amarillosa: y que todo reflejo debe ser de color semejante al cuerpo de donde viene. De todo esto sacó aquella prodigiosa inteligencia de los colores principales en las tres partes de luz, sombra, y reflejo.

Sobre todo, son excelentes los colores que Correggio ponía en las sombras. Llevado de su afición a la apariencia del Claroscuro, hacia demasiado claras y puras las luces; por lo que parecen algo bajas, y sus carnes poco transparentes: alterando tal vez la Naturaleza, porque prefería la necesidad del Claroscuro a las verdaderas propiedades de la materia.

Ticiano, que asimismo comenzó a pintar en el siglo de la Imitación, y estudió pintando al óleo, se dejó llevar de su inclinación a las cualidades de las cosas. Como pintaba sus figuras y países del Natural, adquirió un verdadero y esencial conocimiento de él. La práctica de hacer retratos le sirvió de un excelente ejercicio, porque le obligaba a pintar diversas cosas particulares y menudas, como ropajes, y otros objetos de colores vivos y fuertes, lo que le forzaba a buscar medios de acordar y templar todo esto: y como iba observando que algunas de dichas cosas son agradables en la Naturaleza, y muchas veces hacen mal efecto en un cuadro, procuraba imitar a la Naturaleza en su perfección. Así descubrió que en ella hay varias cosas de colores vivos y hermosos; pero que éstos fácilmente se cortan y mudan con los reflejos, con la más o menos porosidad, con el color de la luz, y otros accidentes: y por fin que en todos los objetos hay gran cuantidad de medias tintas. Estudiando esto consiguió una grande Armonía.

Reparó que en cada cosa de la Naturaleza hay unión de transparente, graso, peloso y liso: que cada accidente de estos pide tinta particular, y su sombra diversa; y por eso buscaba en la Imitación de esta diversidad de cosas la perfección del Arte, que solo puede hallar quien con igual ingenio y constancia la busque.

Últimamente, tomaba en las cosas la parte por el todo: esto es, hacía de media tinta una carne que naturalmente tuviese mucha media tinta; y pintaba sin media tinta lo que tenía poco de ella: lo rojo todo rojo; y así de los demás colores. Esto se entiende, sin separarse jamás de la Imitación de la verdad; y así adquirió en sus obras el más perfecto Gusto del Colorido; de manera que en esta parte es un "verdadero modelo para la Imitación. En fin, con la distinción de colores halló Ticiano las principales masas, como las había hallado Rafael con el Diseño, y Correggio con el Claroscuro.

Capítulo IV.
CONSIDERACIONES SOBRE LA COMPOSICIÓN DE RAFAEL, CORREGGIO Y TICIANO.

Hablando de la Composición, o unión de figuras, puedo comenzar por Rafael, sin necesidad de excusas, porque en esta parte excede mucho a los demás.

Educado Rafael en las máximas de la verdad, la buscaba en sí mismo, y la hallaba unida a la Expresión. Comenzó con la mayor simplicidad a seguir la Naturaleza; y por eso sus composiciones eran frías, pero verdaderas; hasta que la experiencia le suministró ideas más animadas. Su entendimiento filosófico abrazaba todo lo que tenía Expresión, y huía de lo inútil e insignificante. Su carácter participaba de las virtudes de la humanidad, más que de sus vicios; a excepción de uno, que no está bien decidido si lo es. Su temperamento le inclinaba y unía a la verdad, de modo que no podía elevarse fuera de ella. Buscaba lo mejor en el hombre, sin poder abandonar del todo la humanidad, como la abandonaron los antiguos Pintores Griegos. El ingenio de estos volaba, por decirlo así, entre el cielo y la tierra; y el de Rafael caminaba solamente, bien que con elevación y majestad, sobre la misma tierra. Conoció las primeras ideas de la Expresión figurada al ver las obras de Masaccio, y los cartones de Leonardo; y según éstos consideró la esencia de la Naturaleza, y principalmente las pasiones del alma, y como mueven al cuerpo.

Cuando Rafael inventaba y componía algún cuadro, pensaba lo primero en el todo de su significado; esto es, en lo que debía representar. Luego de cuantos movimientos diversos era capaz cada figura; cuales eran los más fuertes, y los más tranquilos; cuales eran propios de una persona más que de otra; cuantas figuras se debían poner en un cuadro; en qué sitio se debía colocar cada una; y en qué distancia del objeto principal, para expresar su determinado sentimiento. Calculaba también si la obra debía ser grande, o pequeña; y siendo grande, pensaba también qué relación podía tener la historia general, o la Expresión del grupo principal, con las demás figuras; si la historia era momentánea, o de duración; si en su descripción era muy expresiva; si alguna cosa o acción anterior tenía relación con la presente; si a esta se seguía inmediatamente alguna otra; o si finalmente era historia tranquila, inquieta, trágica, o confusa.

Después de haber pensado todo esto, escogía lo más necesario, y conforme a ello regulaba su idea principal, que hacía siempre muy clara e inteligible. Ponía después todas sus ideas por orden, según su dignidad: las más necesarias primero, y luego las que lo eran menos: y de aquí resultaba, que, si en la obra faltaba alguna cosa, era solamente de las menos importantes; habiendo en ella todo lo más necesario y más bello. Otros Pintores suelen abundar en lo superfluo, y faltar en lo necesario; y si poseyeron alguna Gracia, la emplearon en lo primero.

Cuando pasaba Rafael a considerar cada figura particularmente, no hacía como otros, que piensan lo primero en la bella postura, y luego en si viene al caso en su historia. Reflexionaba desde el principio en que actitud se hallaría aquel sujeto si se hallase verdaderamente en el caso, y sintiese lo que representa la historia.

Después consideraba, como pudo haber pensado antes del caso que se representa: y finalmente, con qué Expresión podía figurarle, y de qué partes y miembros necesitaba para ejecutar su idea y voluntad. A estos miembros daba el mayor movimiento y acción, dejando en reposo los demás. De aquí proviene que en Rafael se ven muchas veces algunas posturas simples y sin acción, las cuales sin embargo parecen tan hermosas en su lugar, como las más vivas y activas: porque aquella figura simple y sin acción tal vez tiene una Expresión perteneciente al hombre interior, esto es, al alma; y la otra de mucha acción debe representar solamente un movimiento exterior.

De este modo en todas sus obras pensaba Rafael en cada grupo, figura, miembro, y parte de miembro, y hasta en los cabellos y vestidos, como diré más adelante. Mostraba en sus historias los movimientos interiores; y en sus figuras parlantes se ve en la cara si hablan con tranquilidad, con resentimiento, o con cólera. Uno que piensa muestra cuanto piensa: y por fin, en todas las pasiones que tienen grande Expresión se ve si es el principio, medio, o fin de tal movimiento.

Se podría hacer un gran libro sobre la Expresión de Rafael; pero creo que bastará lo dicho para los que quieran reflexionarlo; y tal vez parecerá demasiado a los que no quieran aplicarse a ello. Yo no escribo para estos; pues sé que no me leerán; o si lo hicieren, no entenderán quizá el espíritu de estas reflexiones. Los perezosos no tendrán tampoco la excusa de que no pueden ver ni estudiar las obras de Rafael; pues los que saben pensar, y no tienen proporción para ver las originales, las hallarán en las estampas de Marco Antonio, Agustín Veneciano, y otros, las cuales, aunque un poco débiles, serán siempre suficientes para quien tenga deseos de aprender; y los que de este modo no sean capaces de aprovechar, no lo conseguirán tampoco viendo todos los originales de Rafael, y todas las bellezas de la Naturaleza. Estos quedan condenados a una eterna ignorancia.

Concluyo diciendo, que Rafael consiguió el mayor gusto de Expresión desechando todo lo inútil e insignificante; y que cuando procedió diversamente, lo hizo de manera que lo convirtió en necesario, por el buen Gusto, y por el efecto total del cuadro, como lo son el pan y el agua en un convite.

Correggio, a quien las Gracias habían dado sus sentidos, no podía sufrir cosas de tanta Expresión. Lo fuerte, triste y expresivo es en él como el llanto de los niños, que luego se convierte en risa. Su espíritu, siempre ocupado de ideas agradables, no soñaba otra cosa más que gracia en las cosas que tenía que representar solo veía lo deleitable. Lo expresivo era para él, por decirlo así, un horror.

Fue el primero que hizo cuadros con objeto diverso de la verdad; pues antes no hubo quien hubiese elegido la bella apariencia por fin principal de una obra de Pintura. Los límites de un riguroso contorno, a que se obligaban sus predecesores, eran demasiado estrechos para encerrar su elevado ingenio. Habiendo hallado el modo de engrandecer las partes del Claroscuro, rompía por allí como un río fuera de madre, arrebatando a los espectadores al vasto mar de lo agradable; y lo que es más, con el ejemplo de sus gracias, como sirenas encantadoras, ha arrastrado a muchos a la comarca del error; porque quien imita sus figuras sin tener su sensibilidad, nunca hallará su Belleza, ni la de otros.

Comenzó Correggio imitando a la Naturaleza y a sus maestros; pero los siguió poco tiempo, porque en él era muy natural huir de toda cosa limitada. En sus primeras ideas parece que solo pensaba en hacer cosa agradable. Inventaba por movimiento interior, y no por reflexión: procuraba representar sus figuras de manera que mostrasen gran masa de Claroscuro más que de Expresión; y adivinaba regularmente lo agradable por instinto.

De aquí se infiere que Correggio poseía el Gusto de lo agradable y deleitoso, pues huyó siempre de lo que no lo era; y así donde este género puede hacer buen efecto, allí se le debe imitar; pero de ningún modo donde se requiera lo expresivo. Además de esto no aconsejaré que imite a Correggio quien no sea de fibra tan delicada y sensible como él; pues cuando un Pintor inventa, y conoce que puede transformarse en aquello que quiere imitar, lo imitará bien; donde no, hará mejor de seguir su genio e inclinación.

Ticiano tenía muy poca sensibilidad, y por eso inventaba más por costumbre, que por otra cosa; y así no merece ser seguido en esta parte. Alguna vez inventó tal cual figura bastante bella; pero podemos persuadirnos que fue más por casualidad, que por saber: pues luego se ve al lado alguna cosa mala u ordinaria.

Capítulo V.
Consideraciones sobre los Ropajes de Rafael, Correggio y Ticiano.

Hablando de los Ropajes también es preciso elogiar a Rafael. Siguió al principio el modo de plegar de sus maestros. Mejoró algo su estilo por el de Masaccio, y mucho más por el de Fr. Bartolomé de San Marcos. Después, cuando vio las obras de los antiguos, abandonó del todo la escuela de sus maestros, y se sirvió de las reglas del bajo relieve para disponer sus Ropajes con naturalidad; y así adquirió el mejor Gusto en los pliegues.

Observó que los antiguos consideraron los Ropajes como cosa accesoria, y no principal; que procuraron vestir, y no esconder el desnudo de sus figuras; que no las cubrían con trapos, si no con paños buenos y útiles; ni pequeños como toallas, ni grandes como sábanas; sino proporcionados al carácter, al tamaño y a la acción de cada figura.

Vio que hacían los pliegues grandes hasta en las partes mayores del cuerpo humano; y que no interrumpían las dichas partes con cosas menudas; y cuando la naturaleza de las ropas les obligaba a hacerlo, formaban los pliegues pequeños y poco realzados, que no pudiesen parecer partes principales. Con este ejemplo hizo él también grandiosos sus Ropajes, esto es, sin pliegues superfluos, y con los dobleces en las junturas de los miembros, sin cortar con ellos la figura.

La forma de los pliegues la regulaba según el desnudo que estaba debajo de ellos: si la parte o músculo era grande, ponía una masa también grande; y donde las partes se encogían o escorzaban, hacia el mismo número de pliegues, pero todos escorzados. En sus principios solía señalar por una sola parte los miembros que caían debajo de una ropa suelta y pendiente; pero después se enmendó, señalándolos por entrambas, y con pliegues sueltos. Donde el vestido queda libre, esto es, donde no tiene nada debajo, excusaba dar a sus pliegues la figura y tamaño de algún miembro, y los hacia al contrario anchos y abiertos, de manera que no pudiesen mostrar que con tenían algún miembro debajo.

No examinaba todos los pliegues con el fin de escoger los más hermosos, si no con el de dar a conocer el desnudo que cubrían. Daba a sus pliegues tan varias formas, cuantos son los músculos del cuerpo humano: pero nunca los hizo redondos, ni cuadrados; porque la forma cuadrada repugna a los pliegues, si no es en el caso que esté dividida en dos triángulos. Solamente sobre el hueco ponía pliegues y dobleces grandes; pero nunca dos juntos de igual tamaño, aunque fuese en la elevación del Claroscuro, ni en el contorno, ni de la misma fuerza ni grandeza.

Sus vestidos flotantes son admirables, pues se ve en ellos que los mueve una causa común, que es el viento. No parecen tirados y colgados, si no que cada pliegue se contrapone a otro, según su libre y natural cualidad.

En algunos parajes dejaba ver la orilla o borde del vestido, para denotar que su figura no estaba dentro de un saco. Todos sus pliegues tienen algún motivo, ya sea el de su propio peso, o bien el de la acción del miembro a que corresponden. Algunas veces Se conoce como eran antes de tomar aquella tal forma, y se colige que hasta en esto buscaba la Expresión; pues se ve en muchos de sus pliegues si un brazo o una pierna estaba adelante o atrás antes de la situación en que se halla; y si un miembro había pasado del extenderse al retirarse, o al contrario.

En el movimiento principal de la figura observó, que, cuando los Ropajes cubren la mitad de un miembro, señalan siempre la otra mitad atravesándola oblicuamente en forma triangular; y generalmente toman esta forma, porque cualquiera ropa que se extienda hacia un lado o hacia otro, debe por necesidad encogerse o apretarse por una parte, y desplegarse por la otra; y esto le da figura triangular.

He dicho que Rafael, al modo que los antiguos, consideraba los vestidos como cosas accidentales; y ahora añado, que aquel gran Pintor consideraba también ser el hombre y el movimiento de sus miembros la única causa de la dirección de sus vestidos, y variedad de sus pliegues; por lo cual los dirigía a su principio, regulándolos según lo pedía aquel movimiento; y además de eso creía conveniente ocultar el estudio y la elección. Y baste lo dicho de los Ropajes de Rafael para quien quiera cotejarlo con sus obras.

Así como Rafael lo dirigía todo a la Expresión, Correggio ponía siempre la vista en lo Agradable. Dejó temprano el estilo de sus predecesores; y como por lo regular pintaba sus figuras por modelitos que vestía de trapos, o de papel, buscaba las masas, y en ellas lo Agradable, con preferencia a lo verdadero de cada pliegue; y así sus vestidos son grandiosos y ligeros; pero de malos pliegues. Cuando alguna vez pintaba del natural escogía muy mal sus pliegues; y muchas veces ocultaba, o cortaba con ellos el desnudo. Por lo demás, hacía sus ropas de colores bellísimos y regularmente jugosas, y muchas veces obscuros, para dar más calidad a las carnes.

Ticiano hacia lo Ropajes por Imitación, como todas las demás cosas. Los pintaba bastante hermosos, muy naturales, y de colores puros y relevantes. Su lencería sobre todo es muy reluciente y clara: pero todo sin elección de pliegues, y tal cual hallaba las cosas en la Naturaleza; por lo que no se le debe imitar en esta parte.

Capítulo VI.
Consideraciones sobre la Armonía de Rafael, Correggio y Ticiano.

Pasando a hablar de la Armonía, pudiera no hacer mención de Rafael, si el orden que me he propuesto no lo exigiese; pues como nunca buscó con particularidad lo agradable, sino lo expresivo, apenas conoció la Armonía; y si en sus obras se halla alguna vez, proviene de la Imitación de la Naturaleza, más que de su conocimiento en esta parte.

Correggio al contrario se lleva la palma en materia de Armonía; porque buscando lo agradable, era forzoso que hallase la que es madre del deleite, y que proviene de una tierna sensibilidad. No podía sufrir las cosas de demasiado relieve, y así daba con la Armonía: la cual no es otra cosa que un medio entre dos cosas diversas, tanto en el Diseño, como en el Claroscuro, y Colorido. Correggio, como he dicho tratando del Diseño, huía los ángulos, y hacía ondeados sus contornos, lo que nacía de su inclinación a la Armonía. Ángulo es la unión de dos líneas rectas; y esto puntualmente era lo que disgustaba a Correggio.

Para evitarlo mezclaba una curva, y así hacía armonioso su contorno; y de la misma manera ponía cosas medias en el Colorido, y en el Claroscuro. Además de esto observó mejor que los otros Pintores, que la vista, después de algún esfuerzo, desea el reposo; por lo que cuando había puesto en un sitio algún color muy vivo y de fuerza, hacia luego un pedazo hermoso de media tinta, antes de pasar de nuevo a otro color semejante: observando siempre tal graduación, que fuese desde la mayor fuerza, a la menor; de manera, que los ojos van pasando por grados de un objeto vivo y reluciente, a otro semejante, hallando gusto y deleite en este tránsito, poco más o menos como uno que despierta al rumor de una dulce música.

He dicho con reflexión que Correggio pasaba de lo fuerte a lo blando, y de esto a lo medio, para denotar que se puede pasar sin incomodidad de la fatiga al descanso; pero no al contrario de lo último a lo primero; y por eso he hablado antes de lo fuerte, que de lo blando, y medio. Tal vez me dirá alguno ¿por qué comienzo mi graduación de lo fuerte, y no de lo blando, que pongo lo último? A esto respondo, que la consideración de un Pintor debe empezar siempre por la parte anterior de su cuadro, pasando después a la posterior; o del principal objeto a los de los lados: y como lo fuerte, bello y relevante debe estar siempre en el sitio principal, o en el objeto primario, por eso he dado esta graduación a las cosas.

En suma, debiendo parecer todas ellas hechas para el objeto principal, debe procurar el Pintor que este haga el

Principal papel, y que lo demás le sirva solamente de adorno: y por eso en aquel se debe poner la Expresión, y en lo restante el Reposo.

Observó Correggio todo lo referido hasta la última perfección; pero en el Diseño abusó de la Armonía y de lo agradable; y si merece alguna excusa es porque el Diseño no es lo que más necesidad tiene de Armonía. Pero como quiera que sea, lo cierto es que debemos a Correggio todo lo agradable y armonioso de la Pintura, que antes de él no se conocía; y no solamente es invención suya propia, sino que en la ejecución ha sido también el que la ha practicado con mayor perfección, sin que se le pueda poner al lado algún otro.

Después de Correggio es inútil hablar de la Armonía de Ticiano; pero por no interrumpir el método comenzado diré solamente, que si en Ticiano se halla alguna especie de Armonía procede solamente de la Imitación de la Naturaleza. No hay en él, como en Correggio, una graduación variada; antes al contrario se valía de la uniformidad, por cuyo medio tiene aquella especie de Armonía limitada que le es propia.

Capítulo VII.
Cotejo del Gusto de los antiguos
con el de los modernos.

Cada Pintor de los modernos ha escogido una u otra cosa particular para buscar en ella la perfección; y lo mismo hacían los antiguos, En todos los que vinieron después del renacimiento de las artes se nota una causa universal, y una sola voluntad de imitar a la Naturaleza. Este ha sido el fin principal de todos, con la diferencia de que cada uno tomaba distinto camino.

Entre los antiguos Griegos sucedía lo propio: con sus diversos métodos llevaban una misma mira principal; pero en ellos era mucho más sublime que no en los modernos. Las ideas de aquellos se levantaban hasta la perfección misma, tomando el medio entre la divinidad y la humanidad: esto es, tomando la verdadera Belleza por mira y objeto principal; y se contentaban con tomar de la verdad solamente la Expresión. Por esto se halla la Belleza en todas sus obras, porque no hay Expresión, por fuerte que sea, que deba obscurecerla.

Creo, pues, poder llamar al Gusto de los Antiguos Gusto de la Belleza, pues no obstante que sus obras, como ejecutadas por hombres, sean imperfectas, tienen sin embargo el Gusto de la perfección: y así como el vino mezclado con el agua conserva siempre su sabor, así también sus obras, aunque degradadas por la humanidad, conservan con todo eso el Gusto de la perfección; y por eso les doy este nombre.

Las obras antiguas son muy diversas entre sí en cuanto a la bondad y a la Expresión, pero no en cuanto al Gusto. En los monumentos del Arte que nos quedan de los antiguos hay tres clases principales: quiero decir, que tienen tres grados distintos de: Belleza. Las de la clase ínfima tienen el Gusto de la Belleza solamente en las partes de pura necesidad: las de la segunda lo tienen, no solamente en lo necesario, sino también en lo útil: y por fin las de la primera clase tienen aquel Gusto repartido entre lo necesario y lo útil, y por eso son perfectamente bellas.

No siendo la Belleza en sí otra cosa más que la perfección de cada idea, se llama bello en las cosas visibles e invisibles lo que es más perfecto: por lo que es necesario considerar las obras de los antiguos con la reflexión de que su Belleza no consiste siempre en una misma parte, sino en que aquella que la idea presentada perfectamente.

Las estatuas más hermosas del grado sublime son el Laocoonte y el Torso de Belvedere: las del segundo el Apolo de Belvedere, y el Gladiador combatiente; y del tercero hay infinitas, sin contar las comunes que no merecen particular mención. Los grandes profesores de la antigüedad eran en sus ideas más sublimes que no los modernos, y en la ejecución más grandiosos y elevados; porque sus ideas se formaban en vista de la perfección, y seguían en la práctica, no una parte de la Naturaleza, como han hecho los modernos, sino el todo de ella: y como estos han mostrado en cada obra una intención y un fin, los antiguos manifestaron en cada parte aquella diversa intención con que la hizo la Naturaleza.

Correggio por ejemplo, amaba lo agradable, y Rafael lo expresivo: y como el nervio de un músculo es más expresivo que no su carne, Rafael señalaba más el nervio que la carne; y Correggio más la carne que el nervio. Los antiguos Griegos al contrario, sabían unirlo uno con lo otro, porque conocían que tanto los nervios como la carne tienen sus respectivas Bellezas.

Los Modernos para engrandecer una parte no han hallado otro medio mejor que el de achicar otra. Los Griegos no lo hacían así, si no que mudaban estas partes según su Expresión. Si la figura era humana, hacían todo lo que pertenece a las propiedades y cualidades del hombre; y si era divina desechaban las cualidades humanas, y escogían las divinas, arreglando así todos los diversos significados y expresiones. En suma, procuraban no omitir cosa alguna del objeto, y señalar al mismo tiempo todo lo necesario, más que lo que no lo es.

De lo que he dicho hasta aquí concluyo, que el Pintor que quiera hallar el mejor Gusto, debe estudiarle tomando de los Antiguos el de la Belleza, de Rafael el de la

Expresión, de Correggio el de lo Agradable y Armonioso, y de Ticiano el de la Verdad o Colorido; y todo esto en fin debe buscarlo en la Naturaleza.

Cuanto he escrito en esta Obra se dirige únicamente a hacer ver a los principiantes las piedras de toque con que deben probar su propio Gusto, y el de los otros, para no engañarse en sus juicios. Los Modelos que he propuesto han sido estudiados e imitados infinidad de veces, sin que nadie haya llegado a superarlos: de que se infiere que tomaron el verdadero camino de la perfección, cada uno en su parte predilecta; y por eso me he servido de sus ejemplos, y mostrado la manera de conocerlos, e imitarlos. Quien trabajare con la cabeza y con las manos, y reflexionare seriamente sobre ellos, llegará sin duda a conseguir el buen Gusto, y a poder un día dar por bien empleado su trabajo.

Capítulo VIII.
Conclusión.

No quisiera que lo que llevo escrito de los referidos grandes Pintores se interpretase siniestramente; pues cuando digo que alguno de ellos no poseía esta o aquella parte del arte, se debe entender con discreción, y en comparación o respectivamente a las otras que el mismo poseía plenamente; o a lo menos en cotejo de otro Pintor que sobresalía en aquella parte. Con la misma benignidad se debe entender el silencio que guardo de otros muchos Pintores famosos, o la poca estimación con que parece que hablo de ellos: porque mi intención es en realidad muy diversa; y si me valgo de alguna expresión poco conveniente, es sólo para dar a entender la gran diversidad que hay entre los ingenios grandes. Todos saben que no puede haber obra humana tan perfecta, que no lo pueda ser más. Procuro guiar los que me lean a los manantiales más puros, de que han bebido los mejores Pintores. Las aguas de fuente son por lo regular las más puras y sanas; pero esto no quita que las que se cogen y guardan en vasos particulares no sean también buenas para apagar la sed.

Cuando digo que todos los Pintores que han venido después de aquellos tres no han poseído más que una parte sola de sus Bellezas, no lo digo por despreciar á aquellos, si no por ensalzar más a éstos. Del mismo modo, cuando critico el Colorido y la Armonía de Rafael, no quiero decir que sean absolutamente malos, sino solamente que no son comparables a los de Correggio y Ticiano; pues no es decir que Una cosa es mala asegurar que hay otra mejor: y esto se verifica en el Colorido y Armonía del mismo Rafael, que pueden pasar por hermosos en comparación de los de Miguel Ángel, Julio

Romano, y aún de Carracci. Correggio podrá también pasar por excelente en el Diseño y en los pliegues, si se compara con Tintoretto en lo primero, y con Rubens y Jordan en lo segundo. Finalmente, el Claroscuro de Ticiano es miserable en comparación del de Correggio; y será bueno si se compara con otros.

En suma, estos tres son los mayores maestros, porque fueron grandes en todas las partes, y en algunas excelentes, e incomparables. Sus Gustos fueron diversos, porque fueron diversos los objetos que escogieron. Rafael tenía el Gusto de la Expresión; Correggio el de lo Agradable; y Ticiano el de la Verdad.

Estos tres profesores buscaban generalmente la Verdad; y aunque por caminos diversos, muchas veces se encontraban: porque todo se halla en la Naturaleza, tanto lo Expresivo, como lo Agradable. Solamente se formaron Gustos diversos, porque no mezclaban las cosas como la Naturaleza, que las une todas; si no que escogían una parte singular de la totalidad. Cuando uno de ellos hallaba por medio de la Imitación alguna parte propia del otro, que no fuese contraria a su objeto principal, la hacía Bella, aunque no fuese este su fuerte: y de aquí viene que Rafael pintó alguna vez tan Agradable como Correggio, y tan Verdadero como Ticiano; Correggio diseñó tan bien como Rafael, y pintó con tanta Verdad como Ticiano; y éste diseñó algunas veces como el primero, y deleita como el segundo. Pero como esto sucedía muy rara vez, he creído necesario determinar sus Gustos con arreglo a sus partes principales, y a su modo ordinario de proceder.

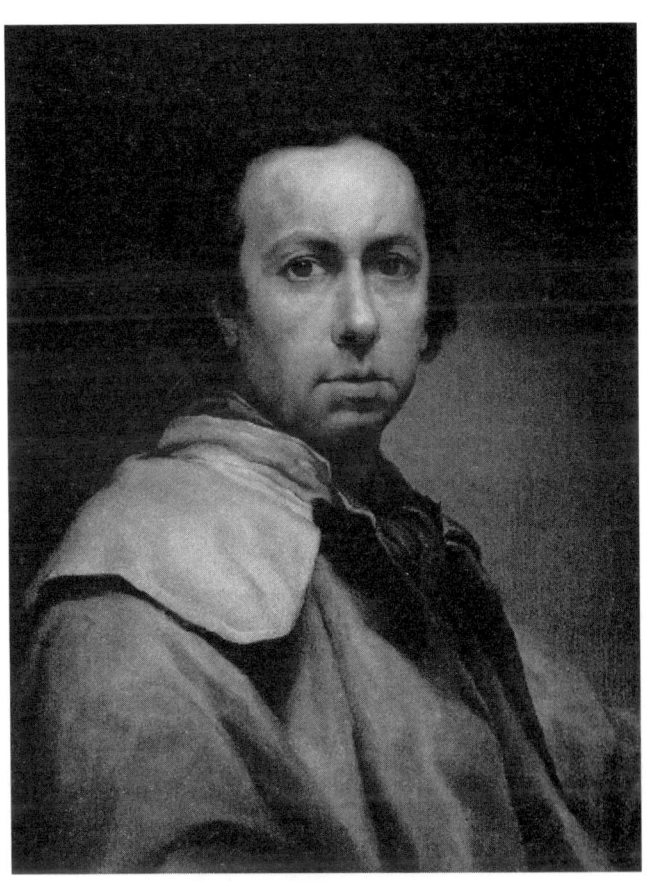

ANTON RAPHAEL MENGS
(Aussig, Bohemia, 1728 - Roma, 1779)
Autorretrato, c. 1776